Leader Culture

Lead the Way! Be Your Own Leader!

Leader Culture

Lead the Way! Be Your Own Leader!

力得文化
Leader Culture

人生自己可以定義的輸贏

Define your own Life

人生是一張充滿起伏的心電圖。
當你因生活的喜悲成敗而感到茫然時，別忘了，
神奇的情緒管理，將能幫你打開希望之窗，
擺落失敗感、擁有方向感，打造屬於你的幸福感。

亞諾／著

作者序

為幸福點燈

今生有幸，在我的學習生涯和職業生涯中，幸運地獲得了許多能夠讓我學習積累寶貴知識和經驗的機會，尤其是在我的事業生涯中，我認識了很多對我個人及我的事業有很大影響的人，他們給了我更多的磨練和鼓勵，這些人包含中國的政界精英，美國及其他國家的行業領袖，日本、歐洲及其他各國的商界名人，臺灣的優秀企業家及人生導師，中國大陸乃至世界頂尖的銷售專家、演說家、職業經理人、慈善家和宗教修行者等，他們的思想、方法和行為模式，無時無刻都在影響著我、激勵著我、改變著我。

我時常在想，我能為自己所經歷過的行業、企業以及曾經影響我成長的領導、朋友、親人、同事、同學、專家和導師等做點什麼呢？正是這種想法，不斷地在腦海中鞭策著我，使我堅持十多年研究，不停地撰寫本書，先後修改、修訂了幾十次。

一本書，署名時往往只有作者的名字，可是其中所蘊含的語言、內容、理論和架構卻常常由許多人的經歷、思想與智慧凝聚而成，本書自然也不例外。所以，我非常感謝著名心理學家張春興先生，從其專著和節錄中讓我頓悟出覺知扭曲的圖形。簡單來說，就是人類的心識作用有許多的扭曲現象。比如，我們的眼睛大部分時間往往是「視而不見」的，我們的耳朵大部分時間也常常是「聽而不聞」的，從而導致我們只看到自己想看的東西，只聽到我們想聽的聲音。同理，我們的情緒覺知也是這樣，我們的情緒受個人主觀意念所控制，常常存在種種「心靈的扭曲」，因為情緒覺知往往會隨著內心的想法而變動，所以常常表現出變化無常。

感謝張春興先生給我的靈感，同時，也非常感謝三十年來在我所經營的事業中與我分享財富、覺知扭曲現象分享智慧的數千名同事及上萬名各界朋友。感謝他們這些年來，以各種各樣的形式向我提出了許許多多的問題，也正因為他們有解決問題的迫切需要，才「迫使」我能夠在不斷地「戰勝問題」中獲得成長。古語說：「一將功成萬骨枯。」我的心情是「此書完成萬人累」，為了著作此書，拖累多少身邊人，做為一位經營事業的人，要費心看書寫書，要費心思鑽研書中理論，由於經營事業的分心，未能給親友更多的說明，未能給客戶最佳的服務，未能讓廠商的收入有所增益，未能好好造福員工，更何況在經營遇到困難時，還接受了親友、客人、業界的支助，在此說一聲「謝謝」！我以感恩的心、慚愧的心、懺悔的心、寬恕的心、慈悲的心來表達此刻我分享本書的心情，希望此書真的能夠讓人得到幸福，能夠有益人群，讓我將功贖罪。

著名主持人倪萍女士說過：「日子還是要一天一天去過的。」希望大家一天一天地進步。謹以此書獻給我尊敬的各位領導、親人、老師、同學、朋友以及所有關心並幫助過我的人們。

永遠感謝各位的支持與幫助。

是為序。

亞諾

編者序

只活一次的今生

偶爾茫然的時候，會想起之前看的電視劇，從事文字相關工作、日子一樣過得苦哈哈的女主角有一段自白：「朋友就算再要好，也有不想讓對方見到的一面；有時會感覺，家人是這世上離我最遙遠的人；當我下定決心為夢想奮鬥時，我以為我的人生就是要獨自走過這黑暗的隧道，但怎麼也沒有想到，會是這麼黑暗、孤單，而我到底還要走多遠？」

我相信，這段話是每個走在生命道途上與生活、夢想奮勇抗戰的人都曾有過的困惑，這是新世代人們的共感，也是新世代人們的心聲。寄人籬下的無殼蝸牛在租屋、買房後還是會有些惆悵；單身貴族與親友們相聚狂歡時也會突然感到空虛。但是，當我們感嘆平庸的自己對世界無能為力時，當我們哀怨失敗的自己只能對社會憤世嫉俗時，因孤獨而生的茫然感、厭世感就會朝手無縛雞之力的我們襲來，狠狠地掠奪我們生命中最珍貴的——時間。

而同一部電視劇中，男主角提到了「新皮質」，這是大腦外側負責管理時間概念的組織。在地球上，唯有人類會將時間分割然後把自己困在裡面，也唯有人類會利用年齡這缺點去花錢、消耗感情。這便是進化的人類必須面對的「新皮質災難」。動物沒有這種災難，所以每天吃同樣的飼料，在同樣的地方，過著同樣的日常，也不會感到抑鬱、無聊。

對時間太過敏銳又太過駑鈍的人類，常會在時間裡迷路，繼而心生恐慌而感到迷惘。大多數的人都戀生怕死，因為擔心生命苦短而被時間追著跑，然後千方百計地想在有限生命中打造出無限可能，偏偏又總在感受挫折時哀怨自己先天資源比別人少。

然而，好的心情，能讓你事半功倍；好的心態，則能讓你成功加倍。本書作者提點讀者們：學會掌控自己的情緒，學會理解他人的情緒，就能在職場、家庭、學業各方面都贏得人心。所以，我們練習用對的心態來成為人生贏家吧！

也許，你覺得今生已經沒戲唱了、今生好像也只能這樣過了，但是此刻

自己可以定義人生的輸贏

與今生都只有一次，就算你的二十歲、三十歲、四十歲、五十歲不是你原本想像中的樣子，但因為這是第一次也是唯一的一次，感覺起來也格外有味。在此，以這句「祝你好運，反正今生大家都是第一次」與各位讀者共勉，因為我們還有很多第一次沒有嘗試過，所以更要努力地去體驗，好好地做一次能定義自己人生的主宰吧！

目錄

第二篇　由自己定義的卓越職場

情緒管理能力決定職場輸贏

第三章　用心溝通

第四章　攻心的談判策略

第五章　帶人帶心

第一篇

幸福是可持續的成功

財富未必能創造幸福
幸福卻可以持續地創造財富

先幸福，再成功

在一次畢業二十週年的同學會上，嚴薇和李菲成了大家議論的焦點。

在大家的記憶中，嚴薇是一名偶像級的同學，學習方面總是能輕鬆取得前幾名，而且長得特別漂亮，家庭條件也是讓同學們羨慕不已：父親是名校教授，母親在一個聽名字就讓人眼紅的政府部門擔任要職。令人不得不崇拜的是，她通過鋼琴九級，舞也跳得非常棒，還總會為學校的晚會、舞會安排讓大家久久不能忘懷的節目。

而李菲是個常常被同學欺負和忽略的女孩，學習一般，長相一般，家庭也一般。

就學時期，多數老師看好嚴薇，精心栽培她，認為她一定前程似錦；老師們對李菲的態度基本上能躲多遠就躲多遠，根本懶得管她。

沒有意外地，嚴薇嫁給一位非常成功的男人，生活可謂美滿幸福，事業也是如日中天。但是，出乎大家意料，嚴薇看起來蒼老很多，雖然衣服相當講究，妝容也專業完美，但是能明顯地感受到她不快樂。

李菲則讓大家刮目相看，很多人一開始沒認出她來，還以為是哪個節目主持人，仔細一看才大吃一驚，男同學們紛紛納悶、議論，覺得以前怎麼沒有注意到她是這麼漂亮的女生？甚至，現在的她看起來比同年齡的同學都還年輕、有活力。

然而，很多步入中年的同學正在鬧婚姻危機，李菲的家庭、婚姻卻始終非常美好理想。畢業後，同學們開始和她維持密切聯繫，以前在學校幾乎沒有交集的同學，現在和李菲竟是要好的密友，也熟識李菲的家人。甚至，和李菲關係良好的同學們也都擁有幸福的家庭生活。

有個鬧離婚數年、已和丈夫結仇的同學，在與李菲一家人頻繁往來後，竟然與先生和好如初了呢！

反之，熟悉嚴薇近況的同學並不多。畢業之後，她幾乎和同學們斷了聯繫，甚至不時得往返法院，深陷在各種官司糾紛之中。

一名心理學專業的同學在深入了解後嚴薇、李菲兩人的情況後表示——嚴薇情緒管理能力差，李菲則有強大的情緒管理能力。

兩人的人生在畢業數年後被徹底改變。原來，人生不是由著當年老師們的預言，而是由著自己的重新定義與詮釋！真正主導人生的關鍵是自己的情緒管理能力。而這一點，當年並沒有老師教過他們。

這裡還有一則故事：一位著名的網球運動員，在很多國際比賽中都能獲得很好的成績，可是一遇到奧運這種媒體宣傳激烈的頂級大賽，就會發揮失常。每次奪牌失利後，她都會抱怨連連，因而導致無法自拔的惡性循環。最後，一籌莫展的教練終於領悟到，雖然她的運動技能是國際一流，但她的情緒管理能力卻是末流。如果當初除了對選手進行體能訓練外，也能加強選手的情緒管理，那麼這名運動員就很有機會能在奧運會場上獲得金牌。

- EQ是一種群智，表明你合群的能力，也是判斷你是否懂得平衡生活和事業的能力。懂得情緒管理就能無憂無懼、無怨無仇，懂得愛則無恨，懂得知欲則可制欲。
- IQ是做事的能力，EQ是做人的能力。
- IQ幫你找到工作，EQ使你步步高升。

- 能掌控自己的情緒就能掌控自己的人生，明白掌控他人情緒的技巧更是人際交往中最高明的智慧。
- 幸福是可持續的成功，情緒管理是通往幸福的直達車。
- 財富未必能創造幸福，幸福卻可以持續創造財富。

第一章　幸福比成功更難

科技帶來了新思維、新觀念，甚至造成對既往歷史的衝擊，而我們將二十一世紀稱為是一個需要心靈導航的世紀。在新舊轉變時期，人們的心態容易陷入迷惘，特別是針對社會新鮮人或年輕人，因為心容易感到茫然、混亂，在缺乏情緒掌控訓練的情況下，可能會有不能適應社會的情狀發生。雖然醫學的精進發達，使因身理問題而痛苦的人日漸減少，但是，因心理問題而痛苦的人卻日漸增多。

《禮記・大學》列出「格物、致知、誠意、正心、修身、齊家、治國、平天下」八目。從個人修身的角度而言，這是人們追求進步的發展歷程，也是人們由內而外使心智逐漸成熟的過程。在我們通往成功的漫漫長路上，物質、聲名的積累必須與心靈的富足、心態的健康取得平衡，才能使我們持久地幸福。

因此，我們或許可以這樣理解：「誠意、正心」意味著我們應該擁有健康的心靈和積極的心態，這是一切事業的基礎；「修身、齊家」意味著我們每個人都應該有健康的生活方式和自強不息的進取心；「治國、平天下」則彰顯了我們必須在健康和幸福的基礎上，更積極地去追求個人的成功，並將個人的成功與時代、社會的發展結合起來。

用正確的情緒控管態度

情緒是人類特有的一種內在狀態、體驗及其外在表現。儘管做為學科的情緒心理學對此已進行科學方面的研究，但是，一般人對情緒的認知往往僅只在「只可意會而不可言傳」的階段。

為此，將近三十年來，我收集、整理並研究現實生活的各種情緒案例，從心理學、行銷學、傳播學、管理學及組織行為學等角度深入分析各種情緒行為的本質、功能、動機、規則，將與情緒有關的奧秘以一種「信號釋放」的方式演繹出來，以便讓大家從生活化的角度充分理解情緒的「廬山真面目」。

不認識情緒，情緒會隨心所欲；不了解情緒管理，情緒會放縱不羈。

（一）諱疾忌醫——對待情緒問題的態度

人們對待情緒問題的態度通常是——諱疾忌醫。

談到情緒層面的問題，很多人就會認為被提點、教育情緒就是在被人教訓或是被人貶低，因此，很多人即便知道情緒教育的重要性，也不願承認自己的情緒控制出了問題。

每當發生爭論時，人們往往會認為是他人無禮或不對，急於反駁，只想為自己辯解而努力說服別人，因此總會爭得面紅耳赤、盛怒不休無法自持。總認為是別人的情緒有問題，或者別人的情況比較嚴重，自己基本上沒什麼情緒問題。

長輩常常以為情緒控制是晚輩自己的事，師長以為教導學生情緒控制會變成是在說教，領導者也會以為提醒員工控制情緒是在對員工進行告誡。很多人與樂觀、無煩惱的樂天派打過交道後反而會產生更多煩惱，因為這些樂天派無法真正同理朋友的情緒，還有可能會嘲笑那些有煩惱的人喜歡自尋煩惱。直到有天，這些樂天派離快樂越來越遠的時候，才會驚覺身邊竟沒有真心交往的朋友。

事實上，每個人都會有情緒問題。那些自認沒有情緒的人，其實更可能是停留在情緒管理最低認知階段的人。

在成長的過程中，唯有經歷一次又一次的碰壁、失敗等慘痛教訓後，才會慢慢懂得控制情緒的重要性。可惜，有些人一輩子脾氣暴躁，活到了七老八十，心智還是不成熟，胡亂發脾氣或者為小事而懷恨在心；有些人因為情緒而使得自己的生活變得一場糊塗；有些人一輩子自怨自艾、多愁善感，總感嘆命運坎坷、造化弄人而以窮愁潦倒的消極心態過完一生；有些事業有成卻不懂愛與感激的人，因為有錢就猖狂任性、態度囂張傲慢，遇到挫折就一哭二鬧三上吊，從而導致自己人生走向產生負面的變化。

（二）情緒控制的三種境界

情緒是什麼？人為什麼會生氣？人為什麼會有愛或恨的感覺？人為什麼會覺得憂愁？怎樣做才能忘卻煩惱而變得快樂？這些都牽涉到人類情緒的心理邏輯和扭曲現象。

目前，關於情緒的課程和書籍少之又少，導致我們對於情緒的認知、理解有限，因此也沒有較好的解決情緒之辦法。

1. 對情緒不知不解

每次出門，林太太總是懷疑家裡的瓦斯沒關好、擔心大門沒鎖好，於是都已走到半路了，還堅持要回家反覆檢查數遍才肯放心。別人提醒她這樣太過小心翼翼、杞人憂天，她卻始終認為自己是謹慎小心並沒有什麼問題。

大多數的人對自己的情緒不求甚解，情緒波動時，總催眠自己，認為情緒沒有問題，並把自身的不安歸罪到其他人事物上，尤其是一些輕度憂鬱症的人，因為不清楚自己有憂鬱的傾向，也不知道怎樣改進、控管情緒；而患有心理疾病或精神疾病的人，若不願承認自己的心智出了問題，或者不了解自己有心理或精神層面的問題，當然無法去解決、排解。這就是一般人對情緒不知不解的階段。

2. 對情緒知而不解

知道情緒運行的原理，卻不知道如何解決；學習了情緒管理的理論，卻不知道如何轉換或不肯去改變；明白自己需要改變想法、心態，卻沒有下定決心去努力克服。因此情緒問題無法妥善處理，例如，了解自己有憂鬱症狀，卻不去給醫生診斷、進行治療，這就是對情緒知而不解。

3. 對情緒知而後解

有一對美國夫妻，他們經常吵架，本來幾乎要離婚，在閱讀了我的文章後，夫妻倆很快地懂得了相處之道。之後，每每我去紐約，他們會一起來接我，跟我談論自己對情緒問題的新了解和新心得。

公司有位女員工因為個性強勢韌性而被大家稱作小辣椒，她常動不動就因小事跟同事吵架，甚至婚姻也亮起紅燈。直到我跟她分享了本書的內容後，她學著根據書中寫的情緒管理方法一步步調整情緒，個性也慢慢變得成熟穩重。

幸福的秘密

人類生存的最大目的是追求幸福。可是，在物質文明和精神文明高度發達的現今，很多人在充分享受物質生活的時候卻活得一點都不幸福。

究其原因，主要有兩個方面：一是不知道幸福為何物；二是不知道如何獲得幸福。尚未了解幸福的實質內涵，就盲目地努力追求，豈不是徒勞無功？如果我們能夠準確知道幸福的真諦，了解追求幸福的方法，並開始運用、實踐於生活之中，肯定會有一定的用處。

我們生活周遭總有出色的人，他們好像都是天才，身上散發著與眾不同的魅力：有的可能是學業成績出眾傲人，有的可能是事業如日中天，有的可能是含著金湯匙出生而一生都能過著富裕的生活，有的則可能是在情場上毫不費力就能一帆風順、甜蜜幸福。相形之下，看著人生勝利組的人生越無往不利，人生非勝利組的我們就顯得越平庸無能。

然而，這其實是錯覺。

那些看似志得意滿的人，他們的人生或許跟我們的人生沒有太大差別，因為每個人一輩子要體會的苦痛和要獲得的幸福並沒有太大的差距，上天也沒有格外眷顧他們。那麼，究竟是什麼讓他們成為精英？真有這麼一條通往成功和幸福的捷徑嗎？

過去，我常詢問人們對於幸福有什麼感覺，很少有人能夠準確地告訴我，幸福究竟是什麼。而我問他們，你感覺好嗎？幸福嗎？對自己的生活滿意嗎？雖然很多人都給予了肯定的回答，但他們的語氣總有些沒把握。

心理學家認為，幸福不是客觀具體的物件，也不是純粹抽象的感覺，而是種物質與精神合一的主觀性感受。幸福其實是非常主觀的，它可能根植於人類的大腦中心，這是多數心理學家們所抱持的觀點。

一項心理學研究發現，幸福者大腦左前葉顯示出的「腦電流」比較強，精神抑鬱沮喪者則會在大腦右前方腦葉中顯示出較強的「腦電流」。對於「幸福」的研究，心理學家們正在逐漸揭開其神秘面紗。

此外，科學家們還提出了許多關於幸福的驚人新發現：

1.幸福不分性別

有項針對一百四十六名「主觀幸福的男女」進行分析的研究表明，兩性對於幸福的感覺差異並不超過百分之一。

2.幸福並不侷限於年齡

人的一生沒有哪個階段一定會比較幸福，無論是躁動的青少年時期，或是平穩的中年期，抑或是體力衰退的老年期。這結論乃是西元一九八〇年西方科學界對全世界近十七萬人進行的調查結果。

3.財富未必能創造幸福

西元二〇一二年與西元一九四九年相比，儘管我們每個人的購買力都增加了數倍，但據有關統計，僅五分之一的人感覺非常幸福。可見財富未必能創造幸福。於是，有位專家說：「儘管我們富裕了很多，但是我們並不幸福。」而《福布斯》雜誌的一項調查統計了一百個富翁的情況，發現這些富翁與普通老百姓相比，他們並沒有更幸福。

4. 幸福與婚姻緊密相連

婚姻失調是不幸福的一項重要因素。心理專家說：「婚姻關係穩定的人通常比婚姻關係不穩定的人感覺幸福。」美國一項調查表明：有百分之三十九的已婚青年聲稱他們「非常幸福」，而僅百分之二十四的未婚青年有同感。已婚的人與未婚的人相比，很少感到孤獨，因為夫妻間能相互鼓勵。除此之外，已婚者若具有雙重身分——配偶和父母，將更能增強他們的自尊感和幸福感。

5. 幸福與人生態度相關

一項心理學研究報告表明，持有「知足常樂」觀點的失眠症患者較易痊癒，且不易成為吸毒者，與那些持相反態度的人相比，他們更具有自信心和處理複雜事情的能力。

6.幸福是一種「沉醉」狀態

按照美國心理學家米哈利・克塞克的說法，真正的幸福意味著生活在一種「沉醉」狀態中，即完全沉迷於某種活動，無論是工作還是娛樂。他注意到藝術家常常沉迷於工作中，甚至到忘卻一切的地步。他找了至少八千名不同工作領域的行銷專家、科學家、學生、機械師、舞蹈家、醫生、農民等人進行研究，發現人們在「沉醉」的狀況下，能開展全部或大部分技能。但克塞克警告人們說，對幸福的最大威脅是能運用的技能太少或者沒有具備技能，以致於產生煩惱和焦慮。

當然，上述種種關於幸福的說法不一定確切。就像在我們周圍那些從未讀過書的嬰孩、幼童們，周而復始地吃了就睡、醒了就玩，幾乎沒有任何的煩惱。只是，關於幸福，有一點可以肯定的是——情緒的好壞會影響到我們對幸福的感覺。

（一）情緒對人際關係的影響

一個人的情緒好壞與其人際關係優劣息息相關。一個愛發怒的人，動不動就生氣，時常罵人、與人吵架，很難成為人際關係中的佼佼者；一個愛抱怨的人，由於愛計較，看待事情又消極負面，往往無法成為好的搭檔、摯友或部屬；在工作中，樣樣爭是非、事事爭道理的人，自然不易做為長期合作的股東或夥伴；很多固執的人，內心自認為是一條硬漢，以為自己是個有個性的人，反而容易因為不當的固執而逞能，因而傷人甚至闖下大禍；一個不苟言笑的人，往往朋友稀少，官運、財運、愛情運也難以開展；至於，愛記仇的人，很難與人友好相處，從而導致人際關係不好。

其實，情緒是能互相感染的。當我們心情不好時，會把壞情緒寫在臉上，因而帶給旁人不快樂的感覺；當我們心情較好時，往往會喜形於色，喜悅的表情將會帶來和諧的氣氛，也容易受到大家歡迎，從而建立良好的人際關係。

同事之間：在日常生活中，與我們每個人相處時間最長的，可能會是我們的同事，與我們工作績效息息相關的，往往也是我們的同事。同事就像是跟我們搭同一條船的人，大家一起沉浮且利害與共。同事也像戰友，彼此間的情緒常會互相感染，因而能夠相互勉勵、激勵。倘若因為小事斤斤計較，互相爭功、推諉，或是彼此猜忌陷害，就會失去默契，不但影響團體績效，也會使自己工作得不愉快。

股東之間：股東與企業的生存發展休戚與共，合夥人關係往往會直接影響公司的整體利益。倘若股東與企業的關係良好，溝通就比較容易。但很多企業的股東，常會因為堅持己見、不滿他人策略而爭論不休，為了說服對方而傷了和氣。

部屬之間：在職場中，很多部屬會抱怨上司偏心，埋怨上司政策不當。同樣地，很多上司也常會責怪自己的部屬太笨，不服從命令，導致領導者指揮不易。

（二）情緒直接影響我們的幸福感

心情愉快時，我們會顯現出喜悅的肢體語言，也會自然流露出好的語氣，使對方心情愉快，在不知不覺中打開對方的心扉，營造良好的溝通氛圍。相反地，心情憂鬱時，我們的面部表情會變得陰沉嚴肅，講話語氣也不友善，別人會感受到某種莫名的敵意，自然就會關閉溝通的心門。

由此可知，情緒的好壞會表現在肢體動作、臉部表情以及說話語氣上。據專業研究發現，人類的肢體語言占溝通效果的百分之六十以上，講話語氣占百分之三十以上，溝通內容只占百分之七左右，因此，情緒會直接影響溝通效果。情緒又與內心想法密切相關，所以，讓我們從心開始，從愉悅的心情開始，運用喜悅之心去溝通，這樣才會互動順暢，也才會產生好的氛圍。

1. 懂得控制情緒，談判常贏

談判是雙方在立場對立、利害衝突的情況下所採取的一種溝通方式。談判時如果不能有效地管控自己和對方的情緒、掌控溝通的技巧，最後往往會兩敗俱傷。本書第四章將詳細闡述如何運用、掌控心智方法來贏得雙贏的談判結果。

2. 好的情緒管理能使人生更幸福

幸福究竟是什麼？雖然不同的人有不同的感覺，但在某些方面人們對於幸福的體會又可以達成一致。

幸福不是一固定的實體：通常人們會用財富多、地位高、婚姻美滿、長壽、身體健康、交友廣泛、口才佳、事業成功、生活品質好等外在條件來界定幸福，或者認為達成其中某些條件便是得到人生的幸福。其實，這種看法是錯誤的。因為幸福並不是某種固定的實體。如果幸福是具體實像，或許人們比較能夠確認自己是否確實擁有幸福。偏偏幸福沒有實際的形狀，人類雖然很容易得到某種被用來代表幸福的表徵（例如財富、地位、家庭等），但擁有這些並不意味著一個人心裡能真正地感受到幸福。畢竟，擁有財富、地位和家庭的人很多，但未必都過得非常幸福。

幸福其實是一情緒的感覺：一般情況下，人們總是執著地認為擁有某種條件即為幸福。其實，人世間的幸福都是相對的，每個人的願望不同，對幸福的要求也會不同。有的人以自己能擁有多少財富、擁有多少學識為幸福的定義；有的人以自己擁有足夠高的地位為幸福的依據；有的人以自己能夠獲得長壽為幸福的意義；有的人以自己及親人身體健康為幸福的根本；有的人以家庭生活美滿為幸福的象徵；有的人以獨善其身做為幸福的判定；有的人以自己能居住在繁華都市做為幸福的標準；有的人則以居住在鄉村做為幸福的憑藉。人們對幸福的判斷、感受各有不同，所以人們對幸福感覺、要求自然也會不同。

幸福可以從比較中產生：幸福感可以拿過去的自己和現在的自己相比，有的人現在處境不好，回憶過去的美好生活，對過去經歷感到幸福；有的人現在處境好，回想過去自己的辛苦遭遇，會覺得現在過得很幸福。同樣的，幸福感也可以從自己和他人的比較中產生，自己擁有了舒適的生活條件，看見他人的貧苦際遇，會為此對自己的人生知足，感到滿足，而後便會覺得自己活得很幸福。

對每一個人來說，幸福其實是種自身的感覺。幸福的感受，如人飲水，冷暖自知，又如同鞋在腳上，好不好穿、舒不舒服，也只有自己最感覺得到。凡事都有兩面性，譬如喜悅，人在得意時，若不知節制便會忘形，因而在無意間展現傲慢的態度，也會在不自覺中得罪他人而埋下禍根；譬如憂愁，本來是很痛苦的，但是我們若懂得發洩、釋放負面的潛藏心覺知，轉為奮發向上的能量，反而會取得驚人的成就。

很多時候，常做善事就能心安踏實而不會心生恐懼，多寬恕、原諒別人就會減少樹敵的可能性，懂得去愛、去珍惜就不會產生沒必要的怨仇、憎恨，知足節欲則能控制自己不流於淫邪、放縱。

如果我們懂得控管自己的七情——喜、怒、哀、懼、愛、惡、欲，不僅可以無憂無懼、無怨無仇，還可以因此領略愛恨之理，知欲、節欲，讓自己的生活更加幸福，使我們的人生更加美滿。

3. 獲得幸福的秘訣

幸福的主觀性比較強，常常是能夠感覺，卻無法真正得到。曾有位著名的心理學家在生活中提出了九種能夠使人感到幸福的秘訣：

享受當下，把握當前時刻：人們要多生活在這種狀態——把孩子的微笑當成珠寶，對朋友的幫助懷抱感謝、知足之心，閱讀好書並獲得共鳴。

控制好自己的時間：幸福的人大多會為自己設置大量的目標，然後落實在每天的行動中。比如，一天寫三百頁書是一件艱難的事，然而，每天撰寫兩頁則非常容易辦到。如果這樣堅持一百五十天，不就可以寫成一本書了嗎？其實這個原則可適用於任何工作。

增加積極情緒：消極的情緒使人沮喪，積極的情緒催人奮發，而幸福的人常做的事就是努力消除消極情緒。

善待親近的人：人們要學著善待親近的人，越親近的人要越用心地對待，因此我們要學會善待家人、伴侶、朋友、同事等。曾經有份美國民意調查中心的抽樣調查結果顯示：能很快地列舉出五位親密朋友的人比不能快速列舉出任何朋友的人更能感受到生活的幸福。

面帶笑容：實驗證明，面帶笑容的人更能感受到幸福。專家還表明，經常歡笑能使人在大腦中引起幸福的感受。

告別枯燥的生活：儘量不要沉溺在無所事事的狀態中，不要把自己侷限在電視機前，設法讓自己置身於能應用自己專長、技能的事物與環境之中。

多參與戶外活動：走出密閉的空間是對付壓力和焦慮的良藥。一份針對常感受到壓力的大學生的調查研究表明：經常在室外活動的學生，其生活情況明顯比不愛戶外活動的學生好。

充足的休息：幸福的人往往精力充沛，因為他們會保留足夠的時間，充足地睡眠，用心地陪伴親人並享受生活。

關照心靈：專家針對信仰和幸福的關係進行研究，發現有信仰的人比沒有信仰的人更容易感覺到幸福。當然，信仰不可能讓我們免除所有悲哀，信仰不可能囊括我們的一切和整體人生，但是信仰能夠提醒我們朝著幸福之路邁進。

福慧雙修幸福多

當我們偏愛或者執著於某樣東西時，會錯誤地認為得到它就代表得到幸福。其實，無論是財富、地位或是任何一種實體，都不能代表幸福，它只是引發人生幸福的某種因素，而人的幸福往往由眾多因素所構成。古代有「五福臨門」的說法，五福代表著長壽、富貴、康寧、好德、善終，這是長久以來被世人公認的幸福五因素。由此印證，幸福不是由單一因素所構成的。

有些人會錯誤地認為物質條件優越就能活得幸福，因而把幸福物質化；有些人則會固執地以為只要精神愉快就能夠幸福，因而把幸福精神化。究竟幸福是物質的，還是精神的？其實，幸福應該說是物質與精神的整合。

人們的心情往往隨著環境的變化而變化，而臉部表情是人們心境的反映，即「心隨境轉」。一方面，舒適的生活環境是產生幸福的基礎，如事業的成功、家庭的和諧等，這說明幸福需要物質的基礎；另一方面，幸福又需要由心靈來感受，只有擁有健康的心態，才有幸福可言。心情不好時，就算擁有權力、地位和財富，也依然會活得痛苦不堪。

在日常生活中，我們追求幸福時會談及IQ和EQ。IQ是指「智商」，即我們的「才智商數」，IQ高雖然方便我們找工作，但是，要做到步步高升，還需要EQ。EQ即「情商」，也就是我們的「情緒商數」，這是一種做人合群的能力，也是情緒管理的能力。現在社會越來越需要群體的力量、團隊的合作，因此，處世的圓滿和與他人的和諧相處越來越重要。IQ和EQ是對立統一的結合體。換句話說，IQ是一個人的能力、智商，EQ則是一個人為人處世、處理人際關係的能力，也是一個人對人情冷暖的敏感性、辦事的完整性，更是團體規範的能力，可以產生團隊的力量。

下面，我們簡單分析一些IQ、EQ數值不等的人，思考他們可能出現的結局，想想他們是否能夠獲得幸福：

1.能幹的人

我們常常看到有些人做事能力很強，但他們的脾氣如果比較暴躁、個性如果比較固執，就容易得罪人、與人發生爭執，甚至造成團隊的不和諧。要是這樣的人又愛錙銖必較，時常抱怨而憤世嫉俗，就會讓周遭的人們很頭痛。所以，千萬不要讓臭脾氣趕跑了身邊的貴人。

2.行動迅速的人

我曾經聘請過一名助理，別人打一張報價單需要花費十分鐘，她三分鐘就能打完，但她不是打錯數字，就是少打字、多打字，時常造成令人啼笑皆非的後果，導致我要花時間進行修改，因此，我只好把她辭退了。

3. 聰明的人

聰明人的IQ往往特別高，別人想不到的事情，他們總是想得到，但若自作聰明、獨斷專行、不擅長與人合作，那麼頂多只能發揮一己之力，而無法眾人同心而其利斷金，最後，聰明反被聰明誤，導致個人和團隊分崩離析。所以，做人要高明，但不要精明，更不要耍小聰明。

4. 專家

現今社會，有一技之長的人往往比較吃香。但是，有些專家、技術人員、設計師會過於標榜自己的專業、過度堅持自己的想法而不願接納他人的意見。缺乏協調的能力，無法建立雙向溝通則會導致失敗。

5. 高學歷者

知識豐富、學識淵博本身是件讓人欽佩的事，但很多高學歷者會自命清高，不屑去做很多基礎的事，不願與學歷不夠好的人合作，反而因此失去很多寶貴的機會。

以上都是有能力、有才智的人，但卻不一定是能成功的人。如果你作為領導者，要提拔某位人員擔任副理，或是需要聘請一位人才來擔當重要職，你會優先考慮學歷、能力還是資歷呢？你是否希望能找到有共識、有默契、肯配合又願意同甘共苦人一起奮鬥呢？

有位具備數十年資歷的公司經理，為公司立下了汗馬功勞，為部門創下了顯著績效。但是，他因為個人目標與公司發展目標不一致，平時總是獨斷專行，做人缺少親和力，常常動不動對客戶發脾氣。如果將他升職，可能會給公司帶來很大的人事紛爭，甚至你可能要時常替他處理糾紛事件、顧客投訴。請問，這樣你還會想要提拔他嗎？

IQ重要，EQ也同樣重要，甚至更加重要。我們熟知的《伊索寓言・北風與太陽》早就告訴了我們：「溫暖比冷酷更有力。」

一次，風（我們可以將其比喻為IQ）與太陽（我們則將其比喻為EQ）為了誰比較厲害的問題而起了爭執。正苦於沒有解決這個問題的方法時，一名旅人突然出現在他們的眼前。

風心想：「這是一個不錯的機會，可以用來證明誰比誰更強。」於是，他對太陽說：「太陽，我們來比一比，誰能讓那名旅人脫下外套，誰就是強者。」

太陽答應後，便讓風先試。風當仁不讓，立刻在旅人周遭刮起了一陣陣刺骨的強風，但風越是使力，旅人就越努力地把身上外套裹緊，最後，風不得不放棄。

這時，太陽慢慢地從雲朵後方走了出來。一開始，她以柔和的光芒照射在旅人身上，使旅人感受到溫暖。隨後，太陽開始提高溫度，旅人便因為炎熱而不得不脫下外套。風甘拜下風，感嘆地表示太陽果然比較厲害。

這則伊索寓言告訴我們，不但要用IQ智取，更要搭配EQ，才能讓人真正「心悅誠服」。

第二章　幸福的方法

由第一章我們了解到，幸福其實是一種感覺。現今社會中，很多人感覺自己不幸，有些人甚至覺得自己不幸到活不下去。其實，他們所有的不幸，歸根究柢都是情緒所帶來的問題。

本章我們將直接面對情緒，運用有趣的測試工具來檢驗自己或周遭的人是「情緒幾年級」，從而找到我們可以進步的階梯。若想更進一步了解，可參見《開解》一書中「情智管理實驗室」的章節，將會指導你如何全面性評估自己和他人內心的認知觀念、情緒能力及行為態度等，進而有效地針對問題進行矯正。

在工作場合和日常生活中，我們如果說別人「鬧情緒」，這人往往會本能地反駁：「你才鬧情緒。」因為他們會馬上聯想到許多「令人生厭」的情景——過往某人大發雷霆的模樣、曾經看過某人與其他人大打出手的場景……等。總之，在大多數人的印象中，「鬧情緒」是個徹頭徹尾的貶義詞，也是一種不能被人所容忍的「錯誤」。

我們也發現一個有趣的現象，人們對於某些情緒的態度，不但不反感，反而較為欣賞，甚至會懷有某種強烈的期待。比如，電視節目中某位名人因為觸及傷心往事而淚如雨下；因為戀人受到傷害而大動肝火的年輕人；公司裡，態度一向溫和的主管私下訓話他特別看好的某位部屬。旁人往往會對別人的情緒表現出鄙夷和不屑的態度，但是，在有條件的情況下，任何人都可能會不自覺地身體力行某些「情緒失控」的行為，甚至大多數人在事後會不肯承認或忘記自己的失控情狀。因此，很多人不記得自己謾罵過他人，但被辱罵卻很難忘記。

看似詭異的這些現象，在生活中卻很普遍。人們對待情緒的態度往往矛盾，口頭表述與實際操作間、思想與行為間，往往存在明顯的背離。對於這樣的情況，我們如果簡單地以虛偽、陋習等詞彙來概括，自然是不準確的，迴避情緒更是不明智。因此，面對情緒問題，我們不但要坦然，也要正視其存在，更要搞清楚情緒產生的來龍去脈，深入探討情緒問題的解決方案。

情緒管理不能只靠忍

唐高宗李治在位時，一直在思考如何能妥善地治理朝政。當時，很多大臣認為僅憑嚴苛的法令就能約束百姓，而唐高宗並不認同他們的觀點。

高宗聽說山東鄆州有一號稱九代同堂的張家莊，莊主張公藝高齡一百多歲，全莊人相處和睦融洽，子子孫孫都事業有成、飛黃騰達。高宗不禁好奇——究竟張家莊是憑藉著什麼方法讓莊人都能遵紀守法、安居樂業呢？

於是，高宗在一次前往泰山封禪時，特地繞道到鄆州張家莊進行查訪。

張公藝得知消息後，連忙領著家人隆重地迎接唐高宗，並親自陪同皇帝參觀家族生活與情況。

只見全莊人團結互助，老有所終、壯有所用、幼有所長，展現出和平安樂的優良家風。工作時，大家爭前恐後；受獎時，大家你謙我讓；吃飯時，大家遵守規矩。這樣的場景讓高宗不禁讚嘆佩服，進而向張公藝請教治家的方法。

於是，張公藝揮毫寫下一百個「忍」字，詳細闡述百忍的具體內容：父子不忍，失慈孝；兄弟不忍，外人欺；妯娌不忍，鬧分居；婆媳不忍，失孝心……等。

高宗聽了，深受感動，感慨地說：「治國之道，亦當如此！」當即給張公藝封侯，賞賜全莊許多縑帛。

這則故事告訴了我們，「忍」在生活當中起著非常重要的作用，靠外力辦不到的事，「忍」都能辦到。中國歷史中也有很多弘揚「忍」道的事例，「忍」固然是中華民族的傳統美德，但「忍」是一項難度較高的品德要求。古往今來，真正能實踐的人並不多。「忍」能壓抑情緒波動，但那終究是一時的，若事後自己不能謹慎自省，那麼情緒依然還會泛起波瀾，有些人甚至會在忍無可忍時情緒爆發而失控，做出讓人意想不到的可怕荒唐之事。所以，情緒管理光靠「忍」是不夠的。

（一）情緒管理的困難之處

長久以來，長輩會教導晚輩「凡事多忍耐」，警惕晚輩「忍一時風平浪靜，退一步海闊天空」，所以，當我們受到不公平待遇或遭逢屈辱時，往往會選擇忍耐或遠離現場。這樣確實不會馬上爆發激烈衝突或闖禍，但是，事過境遷後，更需要冷靜並且真正想開，否則，光用自制力暫時壓下情緒，不平的屈辱還是會刻印在腦海中。倘若又受到相似的屈辱，就得用更強大的自制力、容忍心讓自己不發脾氣，久而久之，若按捺不住積累多時的委屈，終會有爆發的一天。

有一位女孩，多次被老師公開批評，事後還被要求自我反省書，同學也都為此嘲笑她。這些事情一次次積累後，她情緒崩潰而鬧自殺，雖然被人解救，卻因而終身殘疾，實在令人心痛不已。

我們必須明白，情緒問題不是每個人都能忍的，忍過了頭，終究會爆炸！

（二）情緒受潛意識操控

人們的情緒意識包含兩大類：一類是顯意識，另一類是隱意識，即潛意識。通常情緒行為不是由顯意識控制，而是自潛意識所產生。所以，人們的情緒不是自己想高興就能高興、說不生氣就真能不生氣的，它受潛意識所左右。

一般情況下，心中有喜會喜形於色，心中苦悶則會產生憂愁的情緒。我們的一言一行皆是內心的自然流露，這就是「情緒由心生」的道理。

情緒年齡測試

我們每個人都會有各式各樣的情緒。而你知道自己的情緒商數嗎？你明白自己的EQ開展到什麼階段嗎？你清楚自己的情緒年齡是幾歲嗎？是三十歲的成熟情緒？是四十歲的穩重情緒？還是仍停留在少不更事、任性衝動的二十歲情緒呢？

（一）情緒商數尺

長期以來，關於人們的情緒商數一直沒有可參照的「測量標準」，因此，人們很難用有形的統一尺規來丈量自己的情緒的長度，也無法用統一秤量來測算他人的情緒的重量。

一般而言，人的情緒管理能力會隨著年齡增長而逐漸增強，由幼年的稚氣、童年的純真、青年的血氣方剛到壯年的堅持不懈，逐步成長至中、老年，慢慢學會穩重並追求圓融。然而，也有部分的人，身體雖然逐漸成熟，心靈卻未能同步穩重。

根據情緒商數發展的時間規律，我嘗試採用一種按年齡大小所能進行情緒控管能力的衡量標準，並將此標準命名為「情緒商數尺」或「常人百歲尺」。大家可以採用這把尺來測驗自己或他人的情緒商數。例如，當對方無理取鬧時，你便能理解他的情緒商數等級大概是在「情緒二年級」，若你希望自己是「情緒五年級」，就不會想和「情緒二年級」的小朋友計較了。

1. 常人百歲尺

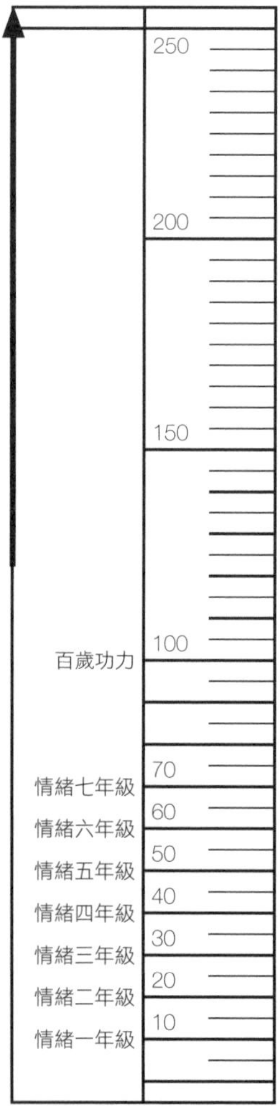

2. 神仙尺（又名「千歲尺」）

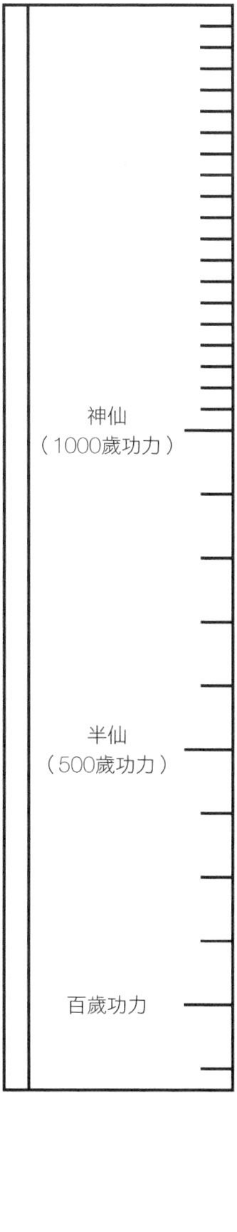

「神仙尺」是用來測試半仙和神仙EQ水平的尺度。倘若修練到五百歲，還抱有欲望和情緒，那麼可能才修煉到半仙的程度；倘若修行到一千歲，已沒有欲望、沒有情緒，那麼便可說是真正的神仙。這尺意味著只要是凡人都會有情緒，唯有真正的神仙才能擺脫人間欲望、忘卻人間情緒。

(二)簡明情緒商數對照表

情緒商數	年齡劃分	情緒行為表現
一年級	十歲的情緒控制能力（天真幼稚）	天真幼稚、性情淘氣、純真
二年級	二十歲的情緒控制能力（任性、衝動）	任性、衝動、好爭辯，動不動就與人鬥嘴、打架，多愁善感、愛恨不分、不知情緒為何物
三年級	三十歲的情緒控制能力（成熟）	相對成熟、心智穩定、不會亂發脾氣
四年級	四十歲的情緒控制能力（穩重）	處事穩重、不輕浮、不毛躁、懂得冷靜
五年級	五十歲的情緒控制能力（智慧）	懂得應用智慧處理情緒問題、能理智思考情緒問題、能夠多元思考、知道控制自己的情緒、了解別人的情緒、能屈能伸、知道自己要的是什麼
六年級	六十歲的情緒控制能力（圓融）	與人相處融洽、經驗豐富，人生已度過歷練的階段，懂得待人處世，處理情緒問題較為圓滿、追求雙贏
七年級	七十歲的情緒控制能力（放下）	放得下、想得開、凡事不太會放在心上

百歲功力（大師）	一百歲的情緒控制功力（悟性）	聖性：年屆百歲、與世無爭、具有聖人的心性和悟性、大覺大悟 心空：心無罣礙，不執著，少有貪、嗔、癡之惡念 空無：少有恐懼、遠離顛倒夢想、沒有人間是非
半仙	五百歲的情緒控制功力（尚有人間欲望）	凡人都有情緒，如果我們每個人能夠活到五百歲，情緒修練五百年，依然還是會受人間誘惑，依然有情緒問題，還不是什麼神人，最多只是個人精或半仙
神仙	一千歲的功力修練（神仙才沒有情緒）	人類的情緒如果真能練到一千歲就應該變成神仙了，照理來說，神仙應該是沒有情緒或脾氣的聖人，應該沒有七情六欲，並能達到「八風吹不動」的境界，不僅能隨心所欲地控制自己的情緒，還懂得改善他人的情緒

這裡情緒商數的區分，只是用來表示人生某個階段的情緒控管能力或情緒年齡。事實上，人們的情緒一直處於變化而浮動的狀態。也許我們情緒穩定的時候所表現出來的是五十歲的情緒控管能力或是處在EQ五年級的階段，這時的我們可以較為理智地應用智慧來管理情緒；但是，有異常行為出

現的時候，我們往往會變得較為衝動、暴躁，情緒控管的能力會一落千丈而處於不及格、不成熟的情緒年齡階段。比如，《三國演義》中的張飛、清代的鰲拜都是性情暴烈的人物，就算年紀不小了，還是動不動就意氣用事、衝動行事。

如果你以前比較隨意，任性而躁動，讀了本書後，相信你能學會冷靜，理智地應用智慧去處理情緒問題。而你的情緒能力就會從二十歲提升到五十歲的智慧管理級別，也就是說，讀懂此書，你將能增加三十年的情緒管理能力。

積極尋找幸運的因素

了解基本的情緒商數指標，我們就再也不要被無知的情緒行為驅使，而盲目地追求物質上的幸福。如果想要獲得真正的幸福，就要建立能擁有幸福人生的方法。

（一）幸與不幸的情感交替

通常，人們會以擁有健康做為幸福的指標，罹患疾病做為不幸的表徵；或者會以獲取成功做為幸福的象徵，遭逢失敗做為不幸的代表；甚至，人們會粗略地將富有等同於幸福、貧窮等同於不幸。然而，世間本就存在順境與逆境，順逆交替、禍福相依是普遍的現象，我們應該正確地看待。

1. 平等、客觀地看待幸與不幸

正視順境與逆境，將它們視為白天與黑夜、春夏秋冬等自然規律，就不會在順境時產生過度氾濫的愛心，也不會在逆境時產生無謂而不必的憎恨，而能平等、客觀地用平常心來對待所處的情境。

2. 痛苦使快樂更快樂，不幸使幸福更幸福

世間的痛苦與快樂是相依相存的，雖然人們往往只想快樂，不想痛苦，只想順遂，不想挫折。但是，若沒有痛苦，就不會有大樂，若沒有經歷逆境，就無法體會順境的可貴。因此，長期處於順境的人，往往很難產生幸福

感，反而是身處逆境的人，更容易在小事情中發現幸福。所以，有時痛苦會使快樂變得更快樂，不幸也會使幸福變得幸福，正如疾病使人意識到健康的重要，貧窮使人體認到金錢的可貴。

3. 幸與不幸是流轉變換

幸與不幸不會一成不變，它們往往會相互轉換。

一個幸運的人可能會因為不良的習慣而逐漸變得不幸。例如，大權在握是幸運，但若因此而圖謀不軌、違法亂紀，則會導致不幸的結局；擁有父母的疼愛是幸運，但若是被父母溺愛的孩子，將難以在社會上獨立生存，這便是其不幸；含著金湯匙出生是幸運，但若因此成為紈綺子弟而不知珍惜財富，成天吃喝嫖賭，養成陋習則是大不幸。同樣地，不幸有時也能轉為幸運，例如，逆境能使人奮發圖強。克服逆境之人會為了追求成功而積極進取，將來當能在社會有所作為。

順境使人陶醉，忘乎所以；逆境使人清醒，引人反思。塞翁失馬焉知非福，塞翁得馬焉知非禍，幸與不幸往往是一體之兩面而會輪替流轉。

4. 不幸中的大幸，大幸中的不幸

人往往會執著於某一點，而認定自己幸或不幸。追求官祿的人，一旦獲得官位就會覺得自己是受上天眷顧的幸運之人，若他沒有機會能當官受祿，便會抑鬱不得志，認為自己是懷才不遇的不幸之人。渴望結婚生子的人，若能找到合適的對象便會覺得甜蜜幸福，若總找不到理想的對象，則會開始覺得自己註定情路坎坷而不幸。

其實，幸運時常隱含不幸的因素，當你累積的財富夠多，就會擔心被騙、被偷、被搶；當你的社會地位夠高、事業擴張得越來越大，就象徵著你已失去了部份的自由和可偷閒的時間。同樣地，不幸時常帶來幸運的可能，例如，沒有過於沉重的地位、聲譽，我們就不會為地位、聲譽而煩惱；沒有過於龐大的事業，就不必為事業而庸庸碌碌；沒有家累，或許就不會被家庭所拖累。因此，幸與不幸往往是在你的一念之間。

（二）消除不幸的因子

我們想要建立幸福的人生，就要消除不幸的因素。

1.錯誤的認識、顛倒的觀念

例如，不分是非、胡作非為……等。

2.強烈的固執

過度地以自我為中心，並以自己的偏見去面對世間的一切，執著於自己擁有的名利、富貴等外在條件。

3.貪、嗔、癡

不知道《倚天屠龍記》中的「倚天劍」與「屠龍刀」是否尚在人間？但是六大門派、無數英雄好漢為了爭劍奪刀而興起江湖的滔天血雨，那情景還歷歷在目。「倚天劍」與「屠龍刀」象徵著人們無窮盡的欲望，若我們總讓這些欲望支配人生，不但對自己沒有助益，還可能會損己害人。

4. 不善的行為、不好的習慣

種不善之因，必招來苦果。

（三）無功不受祿

面對同一種環境，每個人能承受痛苦的程度卻不一樣。人世間的不幸，往往是因為在意，因為在意才會造成傷害；假使你對某事毫不在意，那麼這件事就算有再大的不幸，也不會影響到你的心情。當我們能認清生活的現實面，憑著良心做事，無功不受祿，就能坦然面對人生各種起伏變動，並能順利地擺脫低落的情緒。

（四）廣行善事，多種福田

從佛教角度來看，幸與不幸都有其因果。想獲得幸福的人生，就需要多行善事，廣結善緣。凡事講求分寸，絕不過分強求。幸福的本源是各種不幸之因，也就是說，擺脫各種造成人生不幸的因緣才能使我們獲得真正的幸福。

從世俗角度而言，樂善好施，以行善助人為樂，開發生命幸福快樂的源泉，便能得到無窮盡的幸福。因此，應該確定積極的人生使命，追求更大的人生成就，幫助需要幫助的人。

（五）思想單純，生活平凡

身體的疲憊，睡一覺就能解決；思想的疲憊，卻會影響到睡眠，造成失眠現象則更難解決。人們的痛苦分為身之苦與心之苦，現今社會中，心理痛苦的人並不比身理痛苦的人少，心理問題儼然成為普遍的現象。當社會變得發達，生活就變得複雜，人們的心理也會因此變得複雜。所以，我們要抱持單純的思想，保有平凡的生活。

（六）知足常樂

幸福其實只是一種感覺、一種主觀的感受。只有在我們自己真正覺得幸福的時候，才是真正的幸福；反之，連你自己都覺得不幸福，誰又能讓你幸福、幫你幸福呢？

想獲得幸福感，知足是最簡單的方式。貪得無厭的人往往不會幸福，因為就算擁有再多的財富、再高的社會地位也不會感到滿足，自然無法產生幸福感；而知足的人能夠透過簡單、平凡的事物去挖掘幸福，因而得到滿足和快樂。

真心希望每一位朋友都能努力培育幸福人生的因素，最終都能覓得快樂和幸福。

第二篇

由自己定義的卓越職場

帶人帶心

帶共識

帶出優秀團隊

情緒管理能力決定職場輸贏

博海是一位從名校畢業的高材生。從小到大，他一直是父母和老師的驕傲，他的母校也一直把他視為學弟、學妹的榜樣。畢業後，博海很輕鬆地進了一間人人羨慕的大公司，起初，因為能力強，很受主管賞識，可是一年後，他卻辭職了，原因僅是因為博海覺得上班很不開心。

十年間，他換了八份工作。參加同學會的時候，他才猛然發現，一些原本各方面皆比他差的同學，現在的心情和「薪情」竟然都遠遠超越了他。他不再是人人關注而人人誇獎的明星學生，而是一個窩在角落且沒人理睬的隱形人物。

這一刻，他忽然覺得自己渺小得什麼都不是，也忽然覺得自己的人生來不及改變了，因而陷入抑鬱狀態，進而影響了工作，連簡單的文書、行政工作都無法勝任，最後，只能被迫辭職。

很多優秀的人才，贏在學校卻輸在職場，原因大多是因為沒有具備良好的心態，缺乏情緒管理的能力。想在競爭激烈的職場中獲得卓越的成功，首先要有高年級情緒管理的能力。

美國爆發金融危機後，麻省理工的博士、四十七歲的紐約前銀行家——珀理西不幸地失去了工作。失業前，他領的是六位數的美金薪資。失業六個月後，他不怕被眾人嘲笑，在身前和身後各掛了一張求職看板，將自己打扮成「求職三明治」，在烈日當頭的華爾街遊走，因而重新獲得工作機會。

同樣身處就業寒冬，有人怨天尤人甚至自我了斷，有人則再次揚帆並且重新出發，這樣天壤地別的差距不在於能力，而在於心態。

能力是帆，心態是風，想要在大海中航行，需要揚帆，更需要風的大力推動！

第三章　用心溝通

溝通從心開始

（一）溝通的扭曲現象

老闆宣佈「因為景氣不佳，公司沒有賺錢，只發放一個月的年終獎金另加考績」。由於每位員工的想法、立場、經歷不同，對於老闆的這段話就會產生不同的詮釋。

這即是聽者心識作用的扭曲性現象，由此圖可知，每位聽者都會用自己內心的想法和既有的觀點來詮釋自己聽到的話。

AB聽者在以前的公司沒有領過年終獎金，聽到老闆宣佈發放年終獎金很高興，這是今年跟去年比較後所產生的相對性扭曲詮釋。

BC聽者的想法可解釋為「老闆吝嗇，所以公司才賺不了大錢」，也可

即便相同的內容，不同的人也會有不同的詮釋

詮釋為「都不景氣了，老闆還發獎金，難怪公司不會賺錢」，此二種解讀皆屬於選擇性扭曲詮釋。

BB聽者認為老闆捨不得發獎金給員工，因而覺得老闆小企、吝嗇，此乃固執性扭曲詮釋。

AC聽者聽到考績就以偏概全地認為公司要倒扣薪資，因而形成整體性扭曲詮釋。

CC聽者聽到不賺錢就馬上想是公司財務有問題，這便是聯想性扭曲詮釋。

因為聽者的想法、經歷、心情不同，對於聽到的話就會產生不同的詮釋，這種現象可用下圖表示：

同樣的講話內容，不同的聽者，產生不同的詮釋

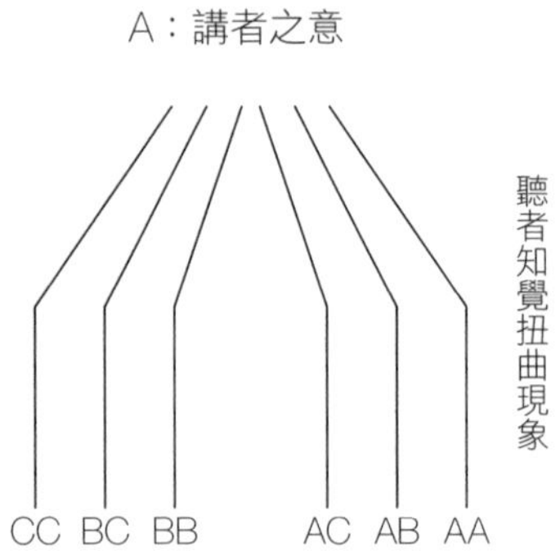

AA：完全按講者之意的覺知

AB：講者之意＋聽者之意的覺知

AC：講者之意＋扭曲之意的覺知

BB：按聽者自己的想法的覺知

BC：聽者之意＋扭曲之意的覺知

CC：完全被扭曲的覺知

A：代表講者之意。B：代表聽者之想法認知、聽者之意。C：代表被扭曲之意。

（二）內心想法的溝通

每個人都有獨立的觀點、想法和主見。傳達意見讓別人了解自己所要表達的資訊，經過對方內心記憶的過濾和處理，形成詮釋、認知，對方再將其看法回饋給我們，一來一往地生成想法和觀點，此過程即為溝通。溝通是講者與聽者內心想法的交流，也是雙方潛藏心想法互動的過程。

溝通過程

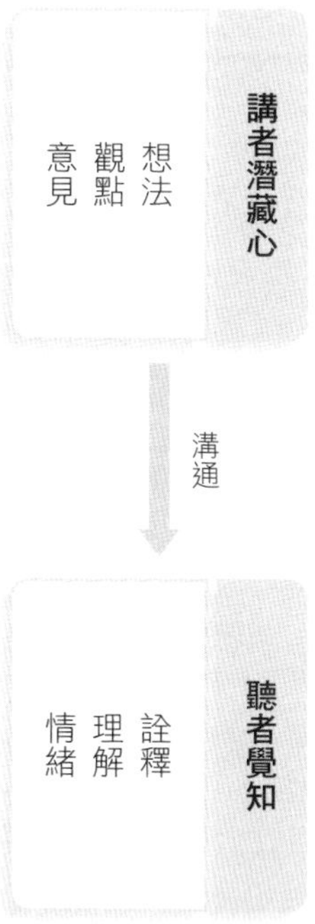

良好溝通不是基於口齒伶俐，而是在於所講的話能被對方接受、理解。而不好的溝通是所講的話被對方誤解，或對方聽不懂、聽不進去。說話的語氣不好、肢體動作傲慢、強迫對方接受自己的意見，都會造成對方反感。

（三）溝通的方式

講者藉肢體動作、臉部表情，用口語或文字將想法表達出來。聽者用眼睛觀察、耳朵傾聽或肢體觸摸，感受講者所傳達的訊息。聽者將這些做為詮釋、認知的依據，繼而產生覺知及情緒，進而形成回饋。

溝通方式

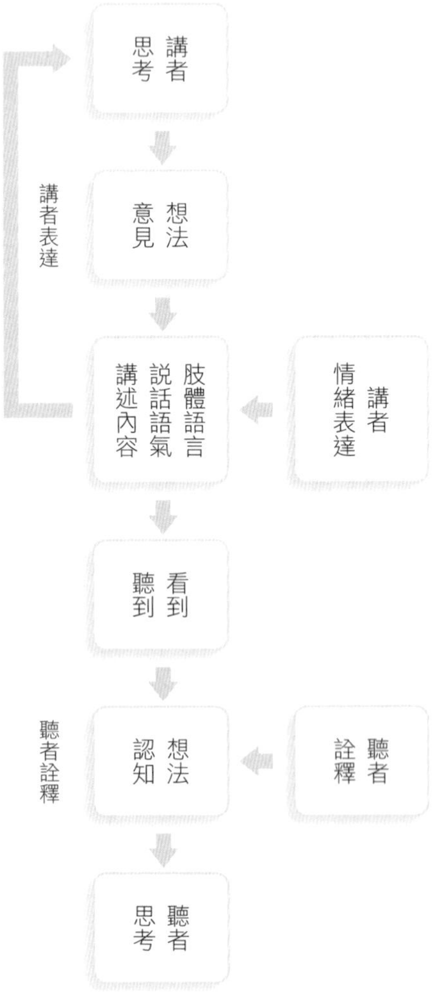

（四）講者的情緒

講者的情緒經由心識作用，充分表達在肢體動作和講話語氣上。

心情好，會表現出好的肢體動作和語氣。心情差，心中有不平、憤怒，會表現出不好的動作，語氣也會變得粗暴、不耐煩。

講者心情影響聽者的詮釋

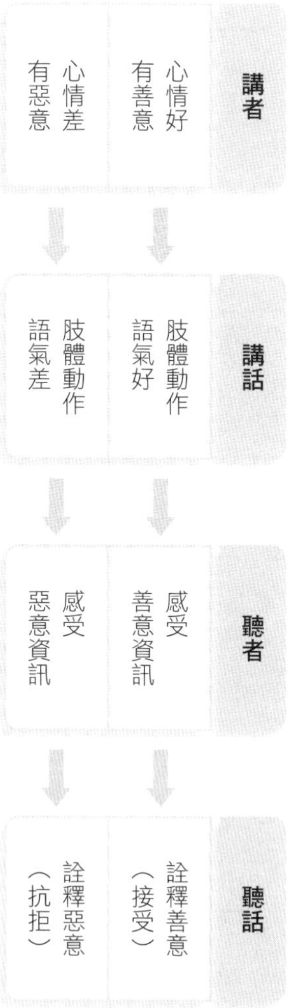

（五）聽者的心情

聽者的心情會影響其對聽話的詮釋。心情好，比較容易接受也比較能理性判斷；心情差時，注意力會不集中，很難專注思考、分析，也容易感到不耐煩而產生詮釋上的扭曲。

固執於自己的意見和堅持時，對方的話容易被忽略或誤解，因而會聽不懂對方的意思，無法接納對方的意見。

講者心情影響聽者的詮釋

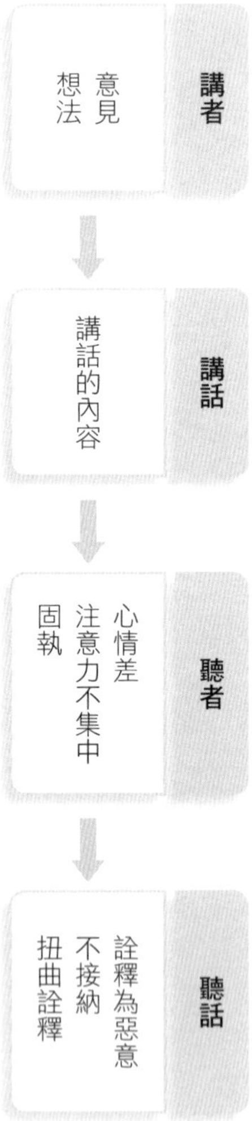

綜上所述，講者的想法、觀點、心情都會充分地表現在肢體語言、講話語氣上，因而影響到講話的內容。聽者的心情、內心執著的想法和觀點都會

影響聽話的詮釋，無論是講的或聽的，效果都來自潛藏心，並受制於潛藏心。因此，溝通從內心開始，用潛藏心中好的想法、好的心態來溝通，即所謂「用心溝通」。

應用心識進行溝通

（一）講話的技巧

1. 肢體語言

喜於心，形於色。內心的想法、心情的好壞會從肢體動作中表現出來。

想于心，形於色

思想心思考

善意或惡意的想法

↓

情緒的表現

臉部表情、肢體動作

講話時，如果心情不好或內心有憤憤不平的想法，就會透過面部表情和肢體動作表現出來，眼睛睜大，雙手叉腰或交叉於胸前，手握拳頭或手指對方，兩腳平站或踩踏在椅子上，身體前傾。聽者看到這些會感覺對方有惡意，因而形成惡意的詮釋。相反地，講者若眉開眼笑，甚至將手搭在聽者的肩膀上，聽者會體會到講者的善意，而做出善意的詮釋，進而較容易接納講者的意見、說法。

通常，肢體語言會是溝通時最先被聽者感受到的，肢體的動向會影響溝通的效果，所以，肢體語言至少佔溝通方式的百分之六十以上。肢體語言是情緒的象徵，也是內心想法的表現。

2. 說話語氣

聽者看到講者的肢體語言，其實就能做出一半以上的判斷，再聽到講者的語氣，更能判定講者是善意或惡意，因而能做出百分之九十以上的詮釋。

通常我們看到講者惡意的肢體動作、聽到講者蠻橫粗暴的語氣，就會判定對方不懷好意，因而會做出防備、抗拒的詮釋。相反地，我們看到講者善意而親密的動作，聽到講者溫柔而誠摯的低聲細語，也會因此做出接納、安心的詮釋。

肢體語言、語氣，達到溝通效果百分之九十以上

潛藏心（態度）	→	情緒
耐心冷靜		和顏悅色

講者的語氣占百分之三十以上的溝通效果。所以，對話時，要把語氣放低、放柔，讓對方感受到善意而接納，並產生共鳴。

(1)言語暴力

粗語、髒話、重話、尖酸刻薄的話、誹謗或嘲笑的話都會刺傷人心，口舌之箭比有形的利劍還要讓人痛苦、難受。

劉經理跟周經理互有心結。劉經理怒罵周經理：「你到底會不會管理？

你的領導能力真的很差。」周經理冷冷地回：「你那麼會管理的話，為什麼還會有罷工、怠工？為什麼你的下屬走的走、辭的辭？然後，你竟然還在這裡大言不慚。我如果是你早就挖地洞鑽下去了。」劉經理聽了大為光火，憤而揮拳打人，因此被公司嚴懲；而周經理逞口舌之能，除了挨揍外，也被總經理狠狠地訓斥了一番。

(2) 強勢作風

對方已經聽不下去也聽不進去，還硬要強迫對方接受，強行給予對方壓力，使對方不得不低頭、屈服，這就像用肢體暴力去壓制對方，這種作風會造成對方的反感、抗拒，甚至形成衝突。

忠臣向皇帝進諫，皇帝不聽，忠臣強迫皇帝採納，對皇帝形成壓力，因而引發殺身之禍；父母對小孩訓誡，小孩不聽，父母逼迫小孩接受，小孩不斷累積情緒，最後爆發並鬧出家庭革命。

(3) **培養積極正向的習慣用語**

一個人不會只因為外表受歡迎，會受歡迎是因為他平時習得的修養、內涵，其涵養往往是靠潛藏心的習慣而定。

一般情況下，每個人的習慣用語（包含口頭禪、客套話、出於禮貌的話語）都是發自內心的自主性表現，一旦形成了習慣，便會在不知不覺中脫口而出。所以，要培養好的習慣用語，戒除不雅、不正當的用字遣詞。

負面的話語：「你怎麼還沒有死啊？」、「你真是無藥可救了！」。

不雅的口頭禪：「關你啥事？」、「找死啊！」、「笨蛋」、「傻瓜」、「智障」。

客套話或出於禮貌的話：「嗯」、「好的」、「沒問題」、「請」、「謝謝」、「對不起」、「不客氣」、「沒關係」、「你真行」、「你好棒」、「我了解」、「我知道」、「我會立刻處理」、「我會立即改進」。

我們可以根據自己的工作環境、生活環境去設計一些良性語言，並把它們培養成習慣，同時，檢查自己平時的惡言惡語，並儘快戒除。

(4) 言談模式與談話內容

❖ **讚美——讚美是最便宜的禮物，開心的話題往往離不開讚美。**

一般情況下，合適的讚美可以打開對方的心扉。讚美是因為我們肯定對方，滿足對方潛藏心認知的預期、心理層面追求的目標。

每個人都希望得到肯定，讚美能使聽者心識作用自然覺知到喜悅，聽者對讚美的內容感興趣而正面地覺知、詮釋，不會產生扭曲。

在溝通前，先讚美對方「看起來很年輕」、「衣服很漂亮」，將有助於彼此互動。讚美對方、恭維對方、肯定對方，會使聽者自然而然地敞開心扉，進而把我們所講的話聽進去。

❖ **用詞直接，簡潔易懂。勿用太多形容詞，勿含糊其辭。**

言簡意賅，清楚表達己意，用最簡短的話最有效地表達最正確的內容，避免對方聽錯而產生扭曲的詮釋。

工廠生產線製造的一款旅行箱，外殼因磨擦而被刮破皮。品檢人員發現後，碎念著「品質不佳」、「做工粗糙」，詢問「是否線頭沒剪」、「是否黏膠未清」。品檢人員說了一堆無關緊要的話，而不直接點明產品的缺點，說話內容沒有重點，對事情改善起不了什麼好處。

❖ **化繁為簡。只談內容，不涉及人身攻擊。**

某收單員未按程式驗料及簽收，認證時反而說工廠ISO拖太久，連發個文件都做不好，只會花公司的錢，腦袋是不是有問題？這樣的說法涉及了人身攻擊，惹得大家都不愉快。

❖ **只談當下，不翻舊賬。**

只談目前的事，化繁為簡，避免節外生枝、人身攻擊。

為了推責，張主管：「老闆，要不是你胡亂地下決定，今天我們也不會做錯而虧損。」

❖ **內容明確。清楚地說明的內容和要點，避免盲目瞎說。**

明白所要傳達給對方的資訊、要與對方進行溝通的目的、要對方改正的缺點，知悉如何說比較能讓對方接受。

❖糾正的要領——避免單刀直入、咄咄逼人。

糾正和批評最好以委婉、漸進、循循善誘的方式去引導，以下是典型不良的說話方式：

「你給我聽著，你的態度實在很惡劣。」

「我是為你好才跟你說實話，你再不好好打扮，你先生一定會外遇。」

如果換另一種方式去說，用比較親切的口吻去表達，效果將大不一樣。可以善用「其實你已經很不錯了，但是如果能這樣做會更好」一類的句型。

❖無謂的爭執。

事事爭理，事事無禮。爭得道理，失去情誼；贏得爭議，失去生意。

（二）聽的心靈技巧

1. 去執己見，避免覺知心詮釋扭曲

去執己見是指去除自己既有的見解，摒棄原有的認知，摒去原來對事的詮釋。俗話說：「滿杯水，裝不下。」已經裝滿水的杯子，怎麼容納得了更多的水？空而不執才能聽其真意。空而不執便是指放空內心的成見，不執著煩惱的事物。

做為一個聽者，最好不要沒聽完就預設立場，不要自我中心，按照心裡既定的想法、原有的認知去詮釋別人講的話，從而產生嚴重的聽覺直覺扭曲現象。

一般情況下，當別人未把話講完，我們就用自己的認知去理解、反駁，則會很難接納別人的說法、意見，也容易導致溝通不良。

去執己見才能聽懂對方的話

潛藏心（想法）

去除既定的認知、觀點、想法

↓

情緒

聽懂並接受對方的話及態度

一位自負的官員向南隱禪師請教問題。給他倒茶時，南隱禪師故意讓茶溢出杯子而不停手，官員立刻向禪師說：「滿了，滿了！」這時，禪師表示：「大人的心早就裝滿了道理，心中已有定見，我說的話，大人一定聽不進去，就像這杯子裡的水，滿了，自然無法再添。」

我們每個人對事情都有自己主觀的看法、意見，只有先去除自己所執著的定見才能增添新的觀念，太過於固執己見的人猶如裝滿水的杯，無法再倒進水，思想僵化的人不能變通也很難溝通。

2. 耐心傾聽

要沉得住氣，不急於辯解、反駁，讓對方講完、了解對方的意思之後，再發表自己的意見，不要做無謂之爭，才能達到良好互動的目的。無目的、無目標的爭論是沒有溝通效果和意義的。

溝通時，說話技巧很重要，耐心傾聽更重要。認真聆聽，把對方的話聽懂才不會導致雞同鴨講的情況產生。

歷史上，英國的愛德華八世表示自己「不愛江山愛美人」，為了溫莎夫人放棄王位。此事轟動一時，人們紛紛議論著他為什麼會愛上美國寡婦溫莎夫人？後來，人們在一篇文章中找到答案：「當溫莎公爵講話時，溫莎夫人會用右手支撐下顎，身體微微前傾，雙眼則含情脈脈地看著溫莎公爵。」由此可知，溫莎夫人是一位很好的聽眾，他們勢必能進行良好的溝通。

相反地，美國員警調查一樁殺妻案，發現犯人的犯案原因竟是因為妻子在丈夫暢談一天工作內容時睡著了，使丈夫覺得自己受到了奇恥大辱，每次針對此事進行溝通都會發生嚴重的爭執，最終導致殺妻悲劇的發生。

3. 聽懂真話，理解真意

用心去判斷講者的真正心意，對方講的是埋怨的話、訴苦的話還是鬧情緒的話？是口頭禪、無心之言還是有弦外之音而話中有話？要分清楚並聽懂對方的需求，避免出現情緒覺知扭曲的現象，也才能做出正確的判斷。

幾個老同學聊天，回憶艱苦的童年、奮鬥的青年和成功的中年。一個說：「唉！年輕的時候，有閒沒錢，而今，有錢卻沒閒，真倒楣！」另一個則笑道：「你可比我強多了，年輕時雖沒錢卻有閒；現在雖然沒閒卻有了錢！多好啊！」

4. 察言觀色：觀其表情，察其內心

聽話時，觀察講者的肢體動作、說話語氣，藉此判斷對方的情緒，並依據其情緒狀態去考察其內心想法。對方情緒不佳就不要去碰釘子，不要刻意去引爆炸彈，等對方眉開眼笑、心情愉悅時再給予適時的諫言、建議。人們的肢體語言包括眼神、口型、眉型等臉部表情和肢體動作等，只要善於觀察這些細微的變化，就能比較清楚人們內心的情緒狀態。

乍聽之下，會覺得他們說的是兩碼子事，仔細想想，後者只是換

聽者各種表情簡析圖

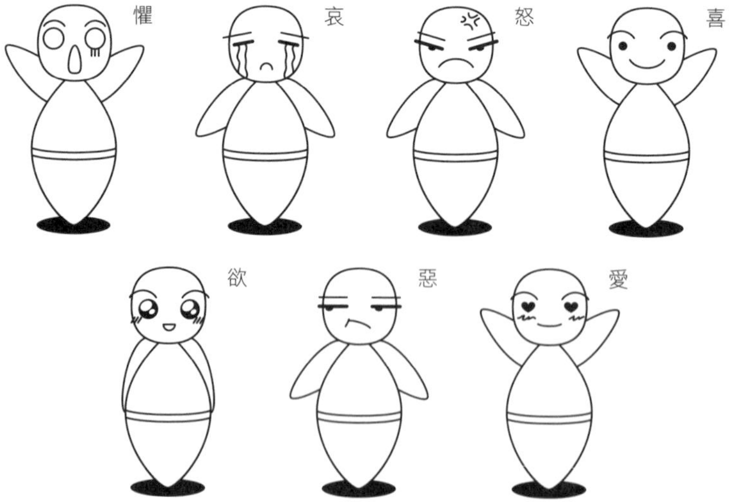

了種說法來勸導、安慰前者。

吵架時會說出很多批評、責備的話語，其實都只是為了發牢騷或發洩心中不滿；開會中，生氣罵人、翻桌砸椅，其實是在作秀、表演給人看；談判時，故意說些尖酸刻薄的話，用意也是要去刺激對方。

5. 穩定情緒

為達成良好的溝通效果，聽者應適時地幫講者穩定情緒。適時點頭、微笑，或是表示「我明白了」、「我知道」，或是請講者講慢一點、別緊張，這些都能使溝通進行得更順利。

6. 冷靜平和

不慍不火，保持冷靜，就算對方大吼大叫、動作過激，也要平和應對。無論對方如何刺激、挑釁，都不要輕易發怒。有時，靜觀對方發火也像是在看戲。

7. 防範被氣話所傷

關於對方所說的氣話、惡毒的人身攻擊甚至難以入耳的髒話，都不要對號入座、自當箭靶。把自己當箭靶就會使自己受傷，對方的話語箭箭正中紅心，一字一句都射穿了我們的心。要防止被八風「贊、嘲、揚、謗、得、失、喜、憂」攻擊、吹動，想防禦對方的傷害，就要忍受得住這些。

（三）塑造良好的溝通情境

1. 塑造雙方的良好心情

假如我們自己心平氣和，並幫助對方冷靜下來，就能塑造雙方良好的心情和心境，並營造出理想的溝通情境。

公司營運不佳，每次溝通都會吵架，因為大家都只想為自己辯解。等大家心情平靜時再來解決，問題就迎刃而解了。

小孩在叛逆時，脾氣不好，每次被指責就把門一甩、扭頭離開，根本無法溝通。等小孩心情好轉後，相約一起去吃美食，再針對問題進行討論，事情就解決了。

2. 塑造良好的外部環境

溝通敏感的話題，切忌在嘈雜的場合，例如公園、速食店、車站等，這些地方容易被外界聲響干擾、容易被突如其來的事件影響，容易使思緒被打亂而焦躁心煩。若要進行協商，應選在寧靜的咖啡廳、餐廳，既有美食可品嘗，又能使身心放鬆，情緒穩定時較能產生良好的互動；或是在有如綠色仙境般的高爾夫球場洽談，白球進洞時雙方既歡快又愜意，心神舒暢時談生意的效果會更卓越。

俗話說：「聽話要不沾、不纏、不染、不著」，這句話其實蘊藏很深的禪機。

不沾：不要對號入座，不要刻意去參與或製造話題，更不要把話題往自己身上攬。不被氣話所激，不被髒話所傷，不被酸話所苦。對方的意思，聽懂就好，猶如炒菜煮飯，有熟就好，不要沾鍋。

不纏：不要被對方的話纏住，把自己困住。捲入是非，與人糾纏不清，自尋煩惱。

不染：不要把聽到的話語染色，更不要加油添醋、變本加厲地扭曲話意。

不執：不要固執己見，執著會造成扭曲。

正確的聽話情緒圖

潛藏心（態度）
不介意
不對號入座
想得清楚明白

↓

情緒
不會生氣
沒有憤怒

著名的默照禪機：「清清楚楚，明明白白」，這句話有兩層意涵：「講者注重內容」，講話要清楚，直接說明想講述、表達的目的，不要拐彎抹角；「聽者仔細詮釋」，聽話要明白，內心要先去除既有定見而空無一物，才能聽懂對方的意思和話語內容。

清楚明白、不沾不纏。聽清楚對方講的是氣話，不要糾纏於其中；聽明白對方講的是口頭禪、習慣話，不要沾染或對號入座。溝通不良的時候，要懂得運用方法管理好自己的情緒。

第四章 攻心的談判策略

獲得雙贏的談判結果

爭裡子、給面子，才能得到雙贏。談判的主要目的在於爭取實質的利益，但在爭論過程中人們容易帶入情緒問題，節外生枝而產生問題。想在談判中獲得實質利益，就得給對方臺階下，才能實現雙贏的局面。談判結果有三種情況：

雙贏——雙方都得到所需的東西，生意做成，目的達到，雙方都滿意。

一贏一輸——一方贏、一方輸，一方賺、一方賠。贏者名利雙收，但輸者賠了錢財又丟了臉面。

雙輸——生意不但沒做成，雙方都很生氣，因而結怨結仇。

這三種局面提醒我們，談判要努力追求雙贏，讓雙方都滿意；在談判時，要清楚自己的立場和所需，並適當地給對方留有餘地。

緩解對立的溝通技巧

溝通是我方傳遞訊息給對方，對方表達意見給我方，雙方互相來往。然而，當雙方有利益衝突或是立場對立時，溝通就會變得困難，這時就必須運用方法和技巧來取得共識。例如，買賣方發生利益衝突，若賣方降價則買方得利，若賣方漲價則買方損失，因此，降價或漲價就需要雙方通過談判來達成共識。

生活中，人們的看法不一致時就不易溝通，意見也不容易被對方接受，尤其當對方堅持定見時就會難以說服。舉凡運用方法、策略以達成溝通目的之事都可視為談判，無論是車禍索賠、產品退換貨、已造成傷害的和解，抑或是情侶間的感情問題、夫妻間的離異問題，甚至是仲裁者調解他人紛爭，皆屬於談判的範疇。

關於談判，《戰國策・趙策》中〈觸龍說趙太后〉的故事就很值得深思。戰國時期，秦、趙兩國交惡。秦國大軍兵臨城下，情況十分危急。這時，趙國向齊國求救，齊國要求趙國以趙太后的兒子長安君做為人質，否則不願出兵相助。趙太后始終不肯答應，與前來進諫的大臣們爭論不休。最後，老臣觸龍舉生活小事為例，運用機智的談判方法攻破趙太后的心防，說服趙太后用兒子做為人質，換取齊國出兵相助，化解了國家危機。

談判的心靈哲學

應用心靈哲學來知己心、知彼心，了解對方內心在想什麼，對方想要的是什麼。按心靈哲學的邏輯，人們內心的想法、期望、動機、對得失的認知，或是由心識作用產生的肢體動作、語氣、語調、表情，都會自然地顯示出喜怒憂懼的情緒。

因此，談判時需要應用我方感受心去感受對方覺知心，用眼睛去觀察對方的肢體語言，用耳朵去傾聽對方語氣，並探索對方潛藏心及對方思想心。這種運用我方思想心考量談判策略及因應之道就是「知己知彼」。

同理，我方的預期心、得失心也會通過我方覺知心顯示、表現於情緒。在談判的過程中，我方必須冷靜控制自己內心，盡量不讓潛藏心和思想心被對方覺知。

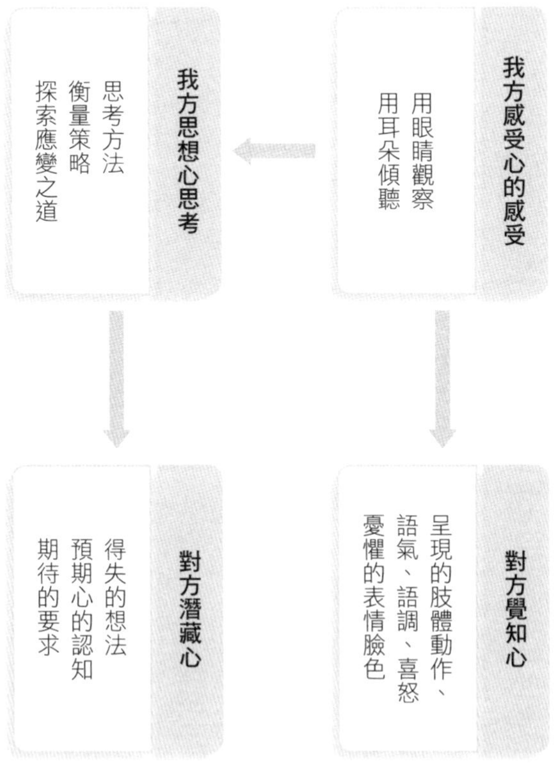
我方感受心的感受
用眼睛觀察
用耳朵傾聽
我方思想心思考
思考方法
衡量策略
探索應變之道
對方覺知心
呈現的肢體動作、
語氣、語調、喜怒
憂懼的表情臉色
對方潛藏心
得失的想法
預期心的認知
期待的要求

攻心的談判策略

（一）攻心之術

談判前要先評估、分析我方與對方的優勢及劣勢，清楚我方可用籌碼，確立我方談判目的與合作目標，內部也必須建立共同說詞和一致態度、立場，諸如，要採取低姿態還是要擺出高姿態；要速戰速決還是要用拖延戰術；要堅持原則還是能夠隨機應變。

1.了解對方的需求，包含目的、滿足點、心情及背景等

通常，報價是談判的基準。先了解客戶的市場定位，屬於高價市場還是平價市場？可洽談的價格與預算如何？同時，要清楚客戶的合作對象及相關資訊，因為客戶所合作的供應商都是我方的競爭者，我方當然要知道競爭者們分別報過什麼樣的價格。如果客戶主攻高價產品，我方必須強調商品品質，報價也可以報高一些；如果客戶主打低價商品，那麼我方報價自然不能

超過對方預算。因此，先了解對方的需求和滿足點，是談判能否成功的第一步。

2. 先發制人，先兵後禮

適當發威，引起注意，先挫其銳氣，給對方一個下馬威，讓他覺得來者不善而心生怯意。

張總下單給陳總，因為品質不良要求索賠。然而，張總與陳總是多年好友，礙於情面，屢談不成。後來，張總事先準備了充足的資料，在陳總面前大罵其部屬葉經理：「身為經理，品質做不好，浪費材料，根本負不起責任，也對不起公司。」張總知道不能太過分，便故意起身前往洗手間。回來時，陳總便說：「對不起，是我們不對。請不要生氣，我們會進行賠償。」

3. 出其不意，攻其不備，擾其所思，亂其所為

經理詢問總監工作進度時，出其不意地說：「聽說你最近工作不積極，是這樣嗎？」

一下子給對方來個措手不及，使其暫時喪失思考上的判斷力，讓對方情緒慌亂，而會未經大腦周密思索便由顯意識直接做出反應。

4. 使用空城計式的哀兵策略，降低對方滿足點及預期心理

當談判沒有籌碼，資源完全掌握在對方手中時，只有置之死地而後生，讓對方無物可取，降低壓榨心態，才有反敗為勝的可能。

洪老闆的工廠因金融海嘯導致外銷訂單驟減，連續數月虧損。他想縮小工廠規模、進行搬遷。然而，依租廠合約，洪老闆須支付房東一筆大數目的違約金，也必須支付解僱員工們的差遣費。與股東們商談後，他們擬出一套哀兵策略，一致叫窮。他們都向房東哭訴工廠虧損嚴重，無力給付房租，實在是經營不下去，而這樣下去，最可憐的是員工們，因為付給房東房租，就沒錢發給員工工資，實在是沒有顏面去面對員工們。房東一聽，覺得事態嚴重，便請工廠速發工資，房租也可少付一些，同時將違約金全數免除。

5. 討價還價

此即《孫子兵法》中的「欲擒故縱」，讓對方因「縱」喪失警惕之心，我方則能攻其不備。對於急切想要的東西，要以從容、輕鬆的態度去面對，當對方看不出我方渴望及欲求時，再找點藉口和說詞，較能壓制住對方。

買賣方立場不同，賣方希望價格越高越好，買方希望價格越低越好。買方針對預計購買的貨物吹毛求疵，藉此降低賣方預期目標，進而使賣方降低談判價格，甚至可以通過「若不是這個價格，我就不買了」的方式來達成目的。

（二）守的策略

1. 談判時先動氣者輸

談判時要保持冷靜。若一開始就情緒激動，那麼談判勢必會失敗。若能情緒穩定、溫和而循序漸進地闡述我方觀點，和對方娓娓道來，那麼將會是另一種談判結果。

2.同理心

「假使我是對方，我會怎麼做？」從對方的立場去設想作法，從而選出最佳因應策略與方案。知己知彼，百戰不殆。了解對方所處立場，推測對方可能做出的步驟，進而給出應對辦法，才能在談判中立於不敗之地。

3.明確自己要什麼

知道自己的底線、滿足點及目標。若談判目標是降低價格，就要為這個目標努力。很多人在談判過程中被對方牽著鼻子走，因而忘記自己的初衷與目標，最後談判變成是在爭面子、爭是非、爭一口氣，爭了半天也沒爭出個所以然，等事後清醒了，才感到後悔。因此，談判時切忌為了面子而置我方目標、利益於腦後。

4.比耐心，比毅力

要有耐心，要有毅力，做好打持久戰的心理準備。通常談判不會一蹴而就，特別是涉及傷人或需要索賠的談判，更需要雙方周旋數回。就算在第一回合中獲取了勝利，也不代表獲得真正的勝利。所以，千萬不能高興得過早，能堅持到底的人才是最終的贏家。

默照心法

默照心法是一種能讓內心鎮靜、保持清醒的心法。「默」有靜止、定心之意，「照」有清楚、明白之意。古語有言「定而後能靜，靜而後能安，安而後能慮，慮而後能得。」因此，心靜後才能止亂。談判時可運用默照心法先穩定心靈，釐清談判的局勢後，才能知己知彼，順利達成目的。

1. 對方急，我不急

對方因為急於解決問題，往往會虛張聲勢而威嚇你，甚至使出各種手段。此時，千萬不能跟著心急，越早解決對方的問題，對我們越不利，甚至會給對方得寸進尺的機會。

2.不要隨便認錯

如果你隨便就低頭認錯，對方的預期心理就會變高，對方的要求或索取賠償的金額也會跟著提高，甚至認為你的所作所為都是理所當然的。

3.為自己找理由

即使自己犯了錯，也要設法替自己找一點充分的理由，讓自己有臺階可下，不要被對方逼到死角或絕路，這樣才不會感覺無奈、無力。

4.不要答應得太爽快

人們對於輕易獲得的東西不會太珍惜，總是比較珍惜難以得到的東西。答應得越爽快，對方就越不容易滿足，進而對我方予取予求。所以，談判要遲著讓步，不要答應得太早，對方覺得難得，才會懂得珍惜。

5. 預防節外生枝

只談正事，勿翻舊賬，勿牽扯其他人事物，否則會導致流言滿天飛。

6. 不要有討公道的心理

爭是非、論對錯，是談判的手段，不是目的，談判要的是裡子，不是面子。討公道，雖可爭一口氣，但背後的損失更大。贏了面子，輸了裡子，贏得道理，失去情誼，反而得不償失。

7. 避免第三者介入

局外人在不了解事實真相時插手處理，立場可能會不夠公正。同時，局外人也會有其立場，若不合其意或調解失敗，反而容易節外生枝。

8. 參與談判者勿隨意出招，以免露出破綻

參與談判者不可隨意出招，自亂團隊陣腳，應多留意對方主談者的言論，適時補充我方主談者的論點，千萬不要自作聰明。

第五章　帶人帶心

帶出共識

帶人帶心，這心是指潛藏心，也就是人們內心的認知、想法、目標和期許。如果內心的想法、期許一致，心識作用覺知心所發揮、顯現出來的情緒和體會也會一致，這就是所謂的共識或共同的企業文化。

做為管理人員，帶人要能帶起大家的認知，要以身作則，起模範領導作用，讓自己的下屬心甘情願地歸心於自己。如果管理者很任性，不能讓員工為自己的憂而憂、為自己的樂而樂，那麼他的管理一定是失敗的，這樣的團隊也會是一盤散沙而缺乏凝聚力、戰鬥力。

美國鋼鐵公司總經理的年薪過百萬，記者曾問他：「你能領超過百萬美元的年薪，到底有什麼本事呢？」

他說：「其實我對鋼鐵的了解並不深，我最大的本事是深入了解每位員工的需求，仔細觀察每位上級的脾氣，懂得他們的心，才能使他們工作起來有熱情和激情。」

是的，若是能將員工的幹勁鼓舞起來，樹立「以公司為家，公司榮我就榮，公司衰則我恥」的精神面貌，那麼任何企業、任何團隊想不出色都難。

可是，很多管理人員正好相反，他們把員工當成工具或機器，在他們面前放任自己的情緒，這樣就很難引起共識。

管理者的禁忌

(一)任性隨性

任性隨性是指不知控制自己的情緒，任意發洩，不顧形象。

李科長和部屬一起喝酒，趁著酒意大肆發洩自己的不滿情緒。他說：「八月份的訂單那麼多，產品那麼難做，廠內竟有傳言說『能有那麼高的產量，是因為助理在廠，只有助理在，才能做出這樣的成績。』我累得半死也聽不到一句好話，功勞全成別人的了，我繼續做下去還有什麼意思！」這時他的部屬接著說：「就是啊！下回你別管了，看助理自己能不能做好。就讓大家看看，少了你李科長，他們什麼都做不成。」

管理者到處發怨氣、洩私憤，部屬跟著瞎摻和，可想而知，這樣的團隊不會多麼卓越成功。更重要的是這樣的管理者，在部屬面前已喪失威信，將帶不動部屬。更有甚者，部屬若唯恐天下不亂地把他發洩情緒時所說的話添油加醋、四處傳播，將會節外生枝而造成不必要的麻煩。

（二）喜怒無常

情緒喜怒無常，高興時什麼都好辦，憤怒時什麼都不行。

有很多人在得到別人的讚美後就得意忘形，對方要什麼就給什麼，不管是非對錯；憤怒時又聽不進別人的金玉良言，只要不認同他的人就是不對，惹得他生氣的人更加不是，哪怕別人多有道理、多有方法。

這樣的管理者容易被抓住弱點，下屬只要投其所好便能達成自己的目的。管理者還在得意洋洋時，後面早已有無數陷阱等他跳進去。歷史上的暴君常是因為情緒多變又不聽諫言而導致亡國滅朝。

（三）好惡形於色

管理者的好惡如果很容易被部屬看出來，就容易被揣摩出心態變化而被他人利用。

管理者情緒化又按捺不住性子，把情緒都寫在臉上，致使大家容易揣摩出他的心意，當管理者的心意被人發覺，有些事就不容易辦得妥當，事情當然會做得不盡理想。

一家公司在查帳時，發現好多帳目都不該報銷。為什麼長官會簽名蓋章呢？原來，職員們看長官心情好時，就會拿著一大疊報銷單據請他簽名。由於長官正在興頭上，往往走馬觀花而沒有仔細審核，筆一揮就簽上自己的大名，自然難以發覺之中所挾帶的那些不合理單據。

（四）爭功諉過

爭功諉過是指好大喜功，喜歡搶功勞。事情做得好就馬上炫耀是因為自己的功勞，深怕別人不知道他，生怕人家忘記了他。其實，誰有功、誰沒功，大家的眼睛都是雪亮的，就算你確實付出了極大的辛勞，這麼自我誇耀也會讓別人認為你居功自傲，反而破壞了你在別人心中的形象。

（五）沒有威嚴

管理者不顧自己的身分，和員工嘻嘻哈哈，想藉此表現自己不擺架子、平易近人、能和眾人打成一片的形象。而管理者忽略了與部屬關係太近會產生副作用，自己在眾人面前會缺乏威信、沒有威嚴表現，難以使人尊敬。

倘若又因細故與部屬發生爭吵，管理者在眾人心目中的形象會產生矛盾，部屬會更不服從他。

（六）抱怨牢騷

在部屬面前抱怨公司，使員工沒有士氣，使部屬覺得自己做事不用太積極，也跟著主管一同對公司批評指教，公司內部便會瀰漫著消極而怨聲載道的氛圍。

管理者做了這樣的「表率」，無論是自己或下屬的工作效率都不會好，最後管理者當然會落得領導無方的壞名聲。

（七）口風不緊

有些管理者在計畫醞釀時就將可能方案洩露出去，尤其是針對薪資調整或人事調動等方面，因而造成人事紛爭、人心動亂，擾亂了計畫的進行。更有甚者，若管理者向外人洩露公司機密，特別是跟市場上的競爭對手洩露公司開發計畫方案等，會導致公司生意下降，甚至造成破產的危機。

（八）隨口答應

管理者在高興時，不切實際地給予員工升職、加薪等承諾，事後又當作什麼都沒發生過，讓人懷疑其說話的可信度。幾次下來，就再沒有人會相信他所說的話，他也將無半點威信可言。

如何做個好主管

（一）帶人帶心

所謂帶心，就是帶出共識，有共同的認知、共同的觀念、共同的看法、共同的思維模式。心是指內心，就是潛藏心的心、潛意識的心，即潛藏心的記憶、認知、想法、觀念、觀點。潛藏心相同，產生的覺知就會相同（包括情緒），心識作用也會相同，對事情的詮釋、理解自然會引起共鳴。

管理者如果能帶動部屬齊心協力，就會產生強大的集體榮譽感和凝聚力、向心力，這樣就能處理好眾多繁瑣的事務，管理部門也會井然有序。

（二）量才而用，不是唯才是用

唯才是用，但有才之人眾所求之，大家競相爭用，可遇不可求。量才而用，用人的才能，也就是用他的長處。每個人都有優點和缺點，善用其優秀的一面，讓他將長處發揮得淋漓盡致，於公於私都有利無弊。

（三）處世圓融

處世不要太圓滑，因為圓滑隱含奸詐、虛偽、不誠實的動機，所以要學會圓融，要學著敞開心扉，用真誠的心去理解、溝通，在部屬面前樹立良好的形象、典範。

（四）漸進式的福利

公司給員工福利，要讓員工有倒吃甘蔗、先苦後甘的感覺，從無味到感覺有甜味，而甜味越來越濃，由少到多、循序漸進，先是嘴甜，最後心也變甜。如果一次給得太多，下次少給，反而會引發不快，使人心生不平。

如果一個人每天都吃大魚大肉、美饌佳餚，突然要他吃粗茶淡飯，他必定會覺得難以下嚥，因為山珍海味已使他的口味變得挑剔。所以，漸進式福利能讓人接連地多嘗到一點甜頭，內心也會不斷地獲得滿足，管理者的口碑也會一傳十、十傳百，吸引很多人來追隨。

（五）避免強勢

進諫時，對方聽不進去，此時若一味持強硬態度，會讓對方難以忍受而產生逆反心理，從而和自己背道而馳，自然難成大器。

春秋時期，伍子胥輔佐吳王夫差，打贏越國的勾踐。伍子胥認為不一舉滅掉越國，越國必會東山再起。雖然伍子胥的觀點、說辭很精確，但他進諫的方式並不入耳，因而激怒吳王，讓夫差覺得自己被威脅就範，伍子胥也因此慘遭殺身之禍。

有些管理者在分派工作時會實行高壓政策，堅持己見，不留一點商量餘地。這樣的管理方式當然是不適當的。

八風吹不動，穩坐如泰山

八風是指世間能煽動人心的八件事，即利、衰、毀、譽、稱、譏、苦、樂。面對八風要能無動於衷、穩如泰山。

宋代文學家蘇東坡曾寫了一首五言詩偈：「稽首天外天，毫光照大千；八風吹不動，端坐紫金蓮。」他派書僮將詩作送給江南寒山寺的佛印禪師欣賞。佛印在紙上題了「放屁」二字，並請書僮帶回給蘇東坡。蘇東坡一看，氣衝衝地過江找佛印理論。一看見佛印，蘇東坡就怒斥：「我寫詩偈請教你，你怎麼可以說是放屁？」佛印不疾不徐地回答：「放屁二字就把你從江北吹到江南，你怎麼能說是八風吹不動呢？」

談判時，常用讚美、嘲諷來褒貶對方，常用得失、喜悲來攻擊對方，擾亂其心志、煽動其心緒。因此，談判時要能夠八風吹不動，穩坐如泰山。被讚美不得意忘形，被嘲笑不妄自菲薄，被褒揚時要得寵不失態，被誹謗時能不憤怒衝動，有獲得時要把握分寸，有損失時要繼續努力，喜怒要能不形於色。談判溝通要談笑風生，讓對方摸不清局勢，我方便能從容不迫、不慌不忙、應對自如。

第三篇

由自己定義的幸福人生

擇善而固執

積極的觀念會收穫美好的人生

並不是你想的那樣

兩名天使到一戶有錢人家中借宿。這戶人家待她們並不友善，拒絕讓她們在舒適的客房過夜，而是讓她們在冰冷地下室的角落待著。就在她們鋪床時，年長的天使發現牆上有一個洞，因而順手將洞修補好。

年輕的天使問她為什麼這麼做，年長的天使回答道：「有些事並不只是我們看到的那樣。」

兩名天使又到一戶貧窮農民家中借宿。農人夫婦對她們非常熱情，把僅有的食物全數拿出來款待客人，農民還讓出自己的床供她們就寢。隔日一早，兩名天使發現農夫和他的妻子正在哭泣，原來，他們唯一的生計來源——奶牛死了。

年輕的天使非常憤怒，質問年長的天使為什麼事情會是這樣，第一個家庭什麼都有卻吝嗇，年長的天使還幫他們修補牆洞，第二個家庭什麼都沒有但慷慨，年長的天使卻沒有阻止奶牛死亡。

年長的天使告訴她：「當我們在地下室過夜時，我看見牆洞裡堆滿了金塊，知道那戶主人被貪欲迷惑，所以我填補了牆洞。昨晚，死神打算召喚農夫的妻子，我讓奶牛代替了她。所以，有些事並不是妳想的那樣。」

平時常保善心，善待別人，看似平凡的生活其實充滿福報。

擇善而固執，積極的觀念終會收穫財富！

第六章　有愛有智慧

在我們的一生中，常要做出許多影響自己生活的抉擇，其中最重要的兩項抉擇不外乎是我們選擇的事業和我們選擇的終身伴侶。因為事業成功和家庭美滿向來是幸福人生的重要指標。究竟我們適合什麼樣的職業？打算與什麼樣的人白頭偕老走完一生？對於這兩項重要決定，通常很少人選擇放棄，有些人會視自己心情而定，甚至有時只是純屬偶然。然而，人們一旦在事業上一無所成、生活也不夠快樂時，就會覺得自己不幸。只是，用整整一生的時間期待伯樂、期待知音、期待白馬王子出現，等待他們拯救自己，這無非是空想與白日夢，最終，這些人就會成為自身行為的犧牲品。

情愛之心

有專家研究發現，在人們取得的成功中，有百分之八十五都源自於幸福美滿的伴侶關係，而人們會感覺挫折、失敗，十之八九也是由於伴侶關係出了問題。所以，伴侶關係的融洽與否對人們的意義重大。

歷史上，許多偉大的思想家都曾探討如何建立幸福完善的伴侶關係，古今中外也有許多琴瑟和鳴、鳳凰于飛之事例，這些美好佳話總為人津津樂道。即便在男女地位極不平等的中國古代封建社會中，人們也把舉案齊眉、相敬如賓視為夫妻關係的典範。而英王愛德華八世（後被世人稱作溫莎公爵）不愛江山愛美人的故事，更是令世人驚歎愛情力量的偉大。

自第二次世界大戰以來，婦女自我意識的覺醒，以男性為主導的社會價值觀起了翻天覆地的變化，這對於女性在家庭乃至社會上的地位產生了積極的推動作用，女性也開始獲得了前所未有的尊重。女性社會地位的提升也使得社會更趨穩定，家庭更趨和諧。

同時，資訊發展也給伴侶關係帶來巨大的挑戰。現今社會日新月異，資訊傳播速度之快、範圍之廣、程度之深是前所未有。傳統文化與現代文化、東方文化與西方文化的交流、碰撞，也對年輕一代的思想觀念造成劇烈衝擊。在這樣的背景下，人們的價值觀、倫理觀、感情觀、事業觀、家庭觀等都在不知不覺中發生了深刻的變化。傳統觀念以其特有的慣性仍發揮著不可忽視的作用，新式思想觀點也尚未完全得到人們全面的接受和認可，這不可避免地造成人們思想觀念的矛盾、混亂。

儘管如此，人們也從未放棄對幸福生活的渴望和追求。

（一）愛的感覺

「愛」是傾慕的情緒，是喜好、喜歡或憐惜的感覺。

愛的心識作用

覺知心（情緒）

因愛人的好事而感到高興、因愛人的壞事而感到煩惱、因愛人的損失而感到失落

感受心（感受）

特別留意愛人的一舉一動

↓

潛藏心（想法）

愛人的言行、動作記得清清楚楚

→（覺知心）

↓

思想心（思考）

想的全是愛人的事，思維被愛人的事所占滿

1. **感受心**

任何有關愛人的事情都想知道，隨時留意愛人的一舉一動。

2. **潛藏心**

對於與愛人有關的一切人事物、言行，印象特別深刻，記得特別清楚。

3. **覺知心**

聽到或看到有關愛人的事情會特別敏感、特別有感，情緒也特別有起伏，甚至在思念愛人時，會感覺失落、寂寞。

4. **思想心**

心中所浮現的全是與愛人有關的事，腦海裡所想的全是與愛人有關的事，全身心都充滿了與愛人有關的一切。

有了以上心識作用，就表示已經愛上了對方。

阿郎出差，女友小嬌覺得失魂落魄，坐也不是，站也不是。看著手機，等著電話和訊息，手機卻總是一點動靜都沒有。本想打電話聯繫，卻又猶豫不決而將手機放下，擔心打擾了對方。心裡悶得發慌，感覺時間過得特別慢，總是食不下嚥。平常喜歡看的電視節目突然都變得不好看，世界好似變了樣。

阿郎草草地辦完公事就前去月臺候車，在月臺等了很久，才發現火車誤點。焦躁的阿郎上車後不時東張西望，一下看窗外，一下看手錶，總覺得這班火車今天開得特別慢。下了火車，阿郎立刻衝去公車總站，本想搭直達車，卻發現還要等半小時以上，阿郎不假思索地乘坐另一部公車，沒想到，搭乘這輛公車的乘客眾多，幾乎每站都有人上車、下車，讓阿郎心急如焚，彷彿走過千里路、度過萬重山，最後他忍不住，只好搭計程車回家。

然而，兩人的所作所為都是因為愛。

（二）愛不要佔有

小娟與先生結婚之初，兩人非常恩愛。小娟深愛她的先生，認為：「夫妻一體同心，所有東西都是共同的，先生的就是我的，我的就是先生的。」因此，她處處關心、事事介入。先生的一舉一動，她都要過問，不允許先生看其他女生，不允許他背著自己和女生說話，不允許先生抽煙、喝酒，甚至要先生一領到薪水就馬上交出來，不可以藏私房錢，最誇張的是她還試圖要求先生要跟自己有相同的思想、情緒。

後來，先生因為行動受到控制，心靈像被關進囚牢，漸漸地開始對小娟說謊，雙方經常吵架，甚至鬧到要離婚。

夫妻本是獨立的個體，本就擁有兩顆獨立的頭腦和兩顆獨立的心。各人有各人的潛藏心、記憶、觀點、經驗、認知和想法，由心識作用產生的覺知情緒也不同。雖然夫妻為利害共同體，但仍不宜過分要求、佔有對方，否則會造成對方心靈的不自由。

正反轉三思圖

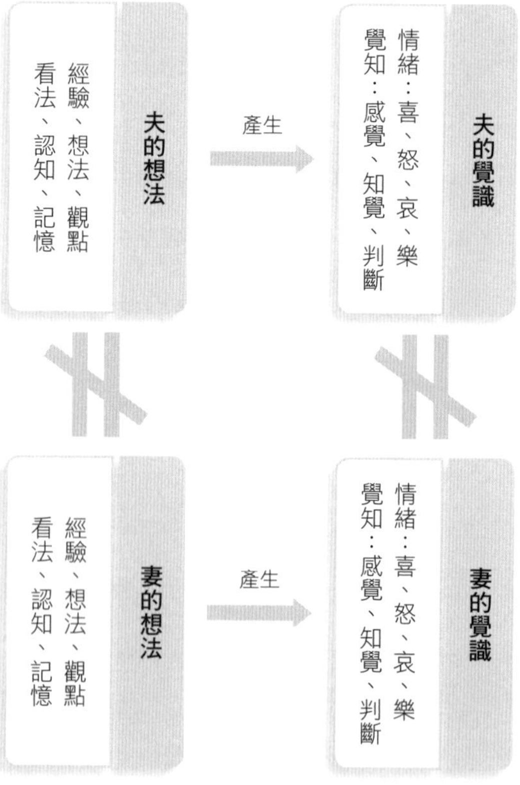
夫的想法
經驗、想法、觀點
看法、認知、記憶
產生
夫的覺識
情緒：喜、怒、哀、樂
覺知：感覺、知覺、判斷
妻的想法
經驗、想法、觀點
看法、認知、記憶
產生
妻的覺識
情緒：喜、怒、哀、樂
覺知：感覺、知覺、判斷

（三）少年夫妻老來伴

1.用智慧處理衝突，方能破鏡重圓

謝先生與太太結婚近三十年，從最初共同創業的華路藍縷到現今事業有成的風光局面，兩人賺了很多錢，生活過得相當富裕。他們熱衷公益，也時常到各地舉辦演講，還曾為偏鄉地區學校設立獎學金。

去年，謝先生離婚的姐姐前來投靠他，並在謝氏夫妻創建的公司上班。然而，姑嫂兩人常起衝突，太太抱怨謝姐姐不遵守公司制度，經常遲到早退，因此責怪先生袒護自家人、無能、不敢管，因此，夫妻倆總會在公司大吵，在家中冷戰，互不相讓。

友人奉勸謝先生：「你年近半百，早已不是中二生，應該知道運用智慧和理性來管理情緒。對於情緒，你應該要大大方方地面對、接納、處理、放下。」並為謝先生進行了如下分析：

面對衝突：不要逃避太太與姐姐之間的衝突。

接納事實：不要視若無睹、自欺欺人，不要以為自己是「好好先生」，坦然接受事實——兩個女人間的戰爭不是假的。

處理矛盾：運用智慧，為雙方找臺階下，同理雙方情緒與立場。

放下心事：此事棘手，竅門在於要放下但不放棄，要處理但不掛心，避免讓自己捲入她們的糾紛。

謝先生冷靜下來之後，回想年輕時夫妻恩愛的情景，再想想年老後的相依相伴，也逐漸想開。給了姐姐一些錢，勸她離開公司，然後和太太重修舊好。

2. 感情的進階

熱戀情侶：年輕時相愛，因為心中有愛，內心想的都是好的，認知到的都是美的，產生的情緒都是快樂舒服的，這是充滿愛的情侶。

夫妻是情侶

雙方想法
傾慕的想法
喜歡的認知

↓

情緒
甜蜜的感覺
快樂的覺知

平凡夫妻：再恩愛的夫妻都會隨著時間流逝、環境變遷，逐漸沖淡對另一半的狂熱情感。兩人有共同的生活目標，且需要共同承擔經濟、養育責任，而一起生活，這就是夫妻。

夫妻是伴侶

雙方想法
共同的生活目標
共同的經濟問題
共同養育兒女的責任

↓

情緒覺知
平淡、無狂熱

老伴關係：步入中、老年後，兒女長大了，夫妻的生活重心有所改變，兩人的想法、觀點、注意力都與往昔不同，雙方所產生的知覺、情緒也會有變化，進而成為相伴到老的老伴。

十九世紀末，美國有位在底特律電力公司任職的年輕機械師。他每天工作十一個小時，一週只能掙得美金十一塊錢。

他夢想有朝一日能發明一種新型機器，所以把家中的破倉庫當成小型工廠。每天下班後總是直奔倉庫，忙到三更半夜。他的父母是靠種地為生的老實人，認為兒子每天晚上都在瞎忙，根本是在浪費時間。鄰居們也把他當成茶餘飯後的笑話，沒人相信他會成功實現夢想。

只有他的妻子對他深信不疑，儘管冬夜漫漫、寒風凜冽，她總陪在他身旁，擔任他的助手，因為妻子相信丈夫總有一天會讓機器運轉起來。

皇天不負有心人，經過三年堅苦卓絕的努力，在一個月明星稀的夜晚，這臺非同尋常的機器果真轉動了起來並緩緩地駛出車庫，這是一輛不需要動物拖曳的電動車。

亨利・福特和妻子一同開創了人類史上的全新時代，每當他提及妻子總會充滿尊敬、感激與溢於言表的愛慕之情。

這個故事向世人表明，和諧融洽的伴侶關係能幫助雙方發掘自身潛能，在事業中獲得更大的成就，使雙方能體驗到人生的樂趣，達到享受人生的目的。

（四）愛恨一念間

春嬌和志明曾經海誓山盟，說要白頭偕老、永不分離。然而造化弄人，兩人成了怨偶。春嬌數度與志明發生激烈爭吵，情緒激動難平，心裡想的全是對方的不是。於是，春嬌由愛生恨，舉報志明貪污，導致志明被判刑七年，春嬌也因同謀而被判刑六年。報紙以頭條新聞報導此事，刊登出志明神情恍惚、春嬌呆若木雞的樣子，令人不勝唏噓。事後，春嬌再度控告志明，志明被以妨礙自由、傷害罪提起公訴。

兩人過去的甜蜜恩愛在時間的沖刷與現實的洗禮中全然沒留下半點蹤跡，愛過了無痕，情仇卻難了，最終兩敗俱傷。相愛的時候，心中想的全是對方的美善模樣，將自己沉浸在愛的覺知之中；怨恨的時候，心中想的全是對方的醜惡姿態，將自己禁錮在恨的覺知之中。愛存在之時，甜蜜的感覺總在愛消失後一同流失，覺知心無法再感受到當時深愛的感覺，愛、恨不過是在一念之間。

愛恨一念之間

潛藏心（想法）	產生	情緒覺知
想法：美的、善的、好的	→	甜甜蜜蜜愛的覺知
想法：醜的、惡的、壞的	→	不共戴天恨的覺知

親友之愛

生活中，與我們相處時間最多的往往不只是親人，還包含朋友、同事。每個人都會擁有自己的至親和密友，他們是我們生命中的巨大財富。

（一）同事

一天二十四小時，除了睡覺的時間外，我們跟同事待在一起的時間可能比和家人相處的時間還要多。倘若與同事關係不佳，工作會感到痛苦。因此，如何處理好與同事之間的關係，可說是一門大學問。

下面，我們就同事情誼進行簡單的利害關係之分析：

互動與衝突：因為工作的關係，同事間互動機會多，既容易產生友情，也容易產生摩擦。

合作與競爭：我們與同事既合作又競爭，因此關係向來較為微妙。工作時，需要與同事互相配合才能達成目標，但就個人績效、升遷層面來看，我們與同事則屬於競爭關係。

分立與統一：我們與同事是既統一又獨立的關係。因職務關係，有些工作需要與同事互相牽制、監督。品管人員需要追求商品品質，業務人員需要致力開發客戶，看似分離，其實就公司整體而言，對外立場是一致的。

能力互相影響：能力較差、工作速度較慢的員工往往會因為草率、疏忽而影響到其他同事的績效與利益。

情緒互相感染：同事間難免會互相感染、刺激情緒，彼此的好心情、壞心情都會互相影響，因此，同事間必須建立共識，創造同事之間的友愛，培養良好的工作環境，才能提升彼此工作效能。

（二）親情

我們知道，父母與小孩之間沒有利害關係，父母往往不計回報地付出。但是，為什麼父母與子女在生活中還會衝突不斷呢？追根究柢，其實是心識作用的扭曲在作祟。父母的經歷多、知識廣、見識多、認知多；小孩的經驗少、記憶認知少，雙方潛藏心所儲藏的知識、記憶、經驗相距極為懸殊，產生心識的作用自然也會有很大的不同。

大人大腦儲存記憶的經驗及技巧豐富，而小孩潛藏心儲存的記憶經驗比較少、判斷力有限。如果大人常常用自己的標準來要求小孩，會使小孩在認知吸收時產生很大的隔閡而造成雙方對抗。

由於父母愛之深責之切、恨鐵不成鋼，總會用命令的口吻或強硬的態度，容易讓小孩一時無法接受，自然會引起小孩的抗拒。因此，父母教育小孩時要有耐性，注意小孩能接受的程度，才不至於造成親子關係的衝突。

大人與小孩情緒能力不同

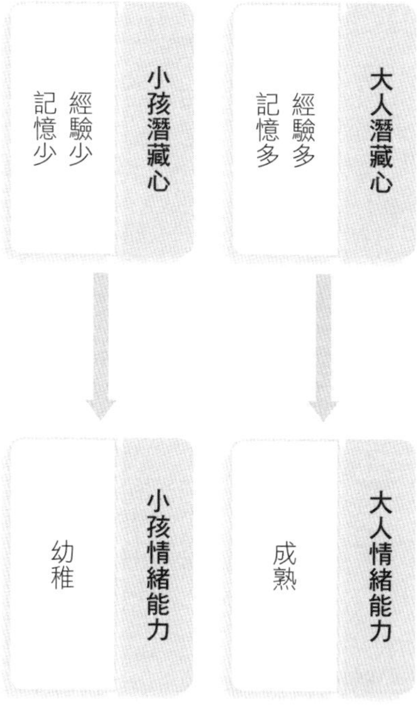

全家一起吃晚飯。媽媽忽然怒罵女兒：「考試不及格，面子都丟光了，你還有臉去見同學？」

女兒說：「都是你大嘴巴，跟同學說我成績不好，才讓我沒面子。」說完便把碗筷一丟、把房門一甩，在房間裡哭了起來。

爸爸對媽媽說：「責備孩子要有技巧，好端端地，為什麼要在一家人相聚用餐時罵女兒呢？妳看，都把氣氛都搞壞了。」

媽媽抱怨：「女兒長大了，不聽話了，我什麼時候跟她同學講她的壞話了呢？」

爸爸勸媽媽：「女兒講的是氣話，不要被情緒性的言論困住。女兒才十幾歲？歷練想必不夠，而你都四十幾歲了，不是更應該用理智處理爭吵並想一想自己要講什麼？要讓女兒聽得進自己的話才是重點，否則只會造成妳們之間的衝突不斷，而女兒也會變得更加叛逆。」

做最受歡迎的人

（一）女人的吶喊

女人的地位與男人平等，只是傳統的生活環境和價值觀，帶給她們沉重的精神枷鎖，使她們感覺自己不如男人，例如，女人的身體不如男人健壯、女人的責任是打理好家庭、女人的成就不如男人等。然而，這些其實都是藉口，女人一樣可以通過努力成就大事業。因此，不知從何時起，有一部份的女性開始針對傳統觀念中的「三綱五常」、「三從四德」發出吶喊：

女人不是夢，是現實的人；女人不是花瓶，是瓶中的花；女人不是天上的月亮，是地上的陽光；女人不是籠中的鳥，也不是床頭的畫；女人不是男人的玩物，也不是生活中的擺設。女人們像春天一樣，沐浴著一種心靈思潮。女人啊！本該像男人一樣走出家門，勇敢地生活、努力地拼搏，去追求、爭取自己想要的一切！

（二）沒有哪一本書有規定女人要做飯

教導女性如何變美、如何相夫教子的書不少，但是，沒有哪一本書或者哪一條法規會規定「女人一定要為丈夫洗衣、煮飯」或者要求「女人一定要會做家務」。

（三）小男人

曾經有學者專為「小男人」寫詩和短文，並以此來形容他們：「本事不大，脾氣不小。哈腰瞪眼，外恭內驕。孫子爺爺，一日兩招。心性卑下，尊嚴不保。故作姿態，像個傻瓜。如此男人，輕如鴻毛。」

話說，生活中有那麼一種男人——我們說他們是普通男人，可他們實際上還是傳統觀念的「大丈夫」。因為從某種意義上來說，這種男人是最像男人的男人，甚至是很多女人「心中的男人」。

先不說他們在外頭怎麼樣，在自己家裡，有點像國王之於皇宮，又有點像獅子、老虎之於森林。通常，這種男人在家一聲吼，全家都得抖三抖；他一高興，全家都歡天喜地，像是窮人過年似的；他有火氣，全家都低聲下氣，得笑嘻嘻地賠小心。

他的妻子每天有一項重要任務——察言觀色，確認丈夫心情如何，藉此訂定這天的家庭生活基調，然後，以此向家裡調皮搗蛋的孩子說句「爸爸生氣了」，孩子就會立刻溫順乖巧。

這種男人就算不懂傳統哲學，對「三綱五常」卻一點都沒遺忘，甚至全盤吸收。在此等男人們的觀念裡「夫為妻綱、父為子綱」，也就是「我是老大，我是天下第一」：叫妻子兒女往東，他們絕不能往西；他如果說一，妻子兒女就不能說二。

在妻子兒女面前，他們特別會裝樣子，下班回家就坐在沙發上，手中拿著電視遙控器，永遠有看不完的報紙、政論節目。明明是在逃避分擔家務，卻總冠以關心國家大事的「美名」。

可是，這男人身邊的女人就沒那麼神氣了，一天到晚忙進忙出、奔波忙碌，甚至不管多疲憊勞累，都得隨時侍奉這男人。替他放好洗澡水，為他擺好亂踢的皮鞋，給他燙好明天上班要穿的白襯衫，天冷時要為他端上熱茶，甚至茶葉放少了、茶水泡冷了，這男人還要發火，老婆只有賠不是的份兒。

然而，這樣的男人們更羨慕「大男人」，總覺得那樣才是真男人，多有氣派、多有面子——一進門，老婆就會小碎步跑到面前，接過丈夫脫下的外套，邊輕搥丈夫的肩，邊細聲說著「您辛苦了」。相比之下，總覺得自家的「黃臉婆」侍候得不到位、時不時還會婆婆媽媽地嘮叨半天，自己這樣根本就是個「小男人」。

「小男人」在自己的工作職位上常是個人微言輕的角色，大事輪不上他做，小事他不願意做。在主管面前，他謙卑地鞠躬哈腰，臉上時常掛著誠懇的笑容，不管受了多大委屈，好像都不會有怨言，所以，同事都說他是敬業、任勞任怨的好夥伴。

可是，一回到家，「小男人」的身體就挺得直了，氣焰也高張了，心想自己在外當人孫子，回家難不成還得當妻子的孫子？有次夫妻吵架，老婆抖膽地說了句：「你本事不大，脾氣倒不小，就只有欺負老婆、孩子的能耐！」這話差點把這男人氣死，「小男人」思量著要不是這些掃把星拖我後腿，我會淪落到今天這地步？

「小男人」大多愛面子，他們寧願身體受苦，也不願面子掛不住。平時交友廣闊，好似什麼人都認識、什麼事都能辦。在朋友面前，「小男人」往往熱心，只要跟他打個照會，他肯定會打包票地說要竭盡全力幫忙。遺憾的是，他能辦好的事情實在有限，完成度與他的熱心往往不成比例。平時，總愛跟人保證：「有事找我就好了。」等到人家真的來請託，有些事他又力所不能及，因此，多少給人留下了信口開河、吹噓浮誇的印象。

由於現實生活不盡如人意，所以「小男人」就會用回憶、想像來滿足自己的虛榮心。心情好時，喜歡在老婆和孩子面前誇耀自己往年的「本事」，無論是學生時期的學習成績如何出色、多少女孩來追求自己、多少老師欣賞自己的才幹……等「豐功偉業」，倘若在他講得興致勃勃、頭頭是道時，孩子們不識相地頂撞一句：「那您現在怎麼不行了？」他就會立刻火冒三丈、爆跳如雷。

有時，「小男人」白天在外頭受了委屈，夜晚就會開始和老婆抱怨：「要是我發達了，一定先把那小子給解僱，就那點花拳繡腿的功夫居然敢如此囂張！」甚至，「小男人」還會跟自己的好兄弟們說：「我要是發了財，保證在場每個人都有份兒，不像那個誰，有錢了就忘了兄弟。」一開始，眾人聽了還很受感動、鼓舞，可是時間一久，話聽多了也就麻木了。

「小男人」沒被公司升職加薪，反倒那位被他咒罵的對象一路平步青雲、步步高升，而「小男人」早已忘塵莫及。「小男人」的發財夢，連他自己都開始不好意思說了。眼見周遭經商的、炒股的、買樂透的朋友們都大有斬獲，買新車的開名車，搬新家的住豪宅，反觀自己，還是一如往昔，生活品質毫無提升。

「小男人」熱衷參與飯局，整天西裝革履，將自己打扮地像是隨時都有交際應酬需要參加的模樣。其實，公司裡談生意這種事根本輪不到他。他所謂的「飯局」，不過只是和幾個哥倆好聚會罷了。而「小男人」很少請人吃飯，大多都是讓人請著吃喝。「小男人」總愛說要喝個幾杯，偏偏一喝酒就沒節制，先是輕言細語，接著豪言壯語，再來胡言亂語，最後不言不語。每次喝多了，醉醺醺地回到家，心氣一不順，就胡亂摔東西。所以，「小男人」只要說晚上有應酬，家人整晚都會很緊張。

日復一日，「小男人」的日子就這樣稀鬆平常地過，他們在外永遠一條蟲，在家永遠一條龍。只要回到自己的宮殿，有女僕般的老婆侍候，就能重新找回自己當帝王的感覺。這時「小男人」才會難得溫柔地喃喃自語：「金窩銀窩不如自己的窩」。

（四）如何發現優秀的對象

那麼，好男人究竟在哪呢？

好男人必須是負責任的人，而我們要如何判斷對方是否負責任呢？這可以從其家庭背景、家庭教育等方面來觀察，通常是「有其母必有其女，有其父必有其子」，環境會影響一個人的人格發展，家教則是一個人的成長根基。所以，觀察對方的家庭關係、與家人相處時的互動，則能了解對方較為真實的一面。

更重要的是一個人的性格，所謂「江山易改，本性難移」，個性會反映出一個人從小到大所養成的言行習慣，暴露其不容易更改的習性、慣性。因此，也可以通過對方的生活習慣、衛生習慣來審視他的個性，包含是否抽煙酗酒、是否有暴力傾向等。

男人的工作態度也可看出其未來發展，男人的生活重心通常會在事業上，一般而言，敬業的男人比較值得信賴。此外，我們也可以從其人際關係來判斷，觀察他如何與朋友往來、如何處世待人。同時，亦能就體格方面來考量，有固定運動習慣的男人較懂得排解情緒，就「身理影響心理」的情況而論，健康的男人往往較為樂觀。

另外，也可以從男人對待動物和弱者的態度來觀察，有愛心的男人通常較懂得照顧人、善待人。人有善念，天必佑之，心存善念、慈悲為懷的人通常較有福報而能趨吉避凶，就算福報未到，禍難也會遠離。然而，沒有同理心而存有惡念的人大多缺乏安全感，情緒起伏較大，也不善於與人相處。

當然，觀察好女人的方式也是如此。所謂「好」不在於十全十美，而在於適不適合。兩個人的交集、共鳴越多就代表兩個人越適合。

（五）成為理想伴侶

1. 理想伴侶的條件

男人通常想找「身材火辣、長髮飄逸、溫柔婉約」的女伴，而女生大多嚮往「身型高挑、風趣幽默、收入穩定」的白馬王子。就傳統的調查研究會發現男性普遍重視女性外表，而女性普遍重視男性的社經地位，但是，這兩項通常不是兩性理想伴侶條件排行榜中的第一名。那麼，究竟哪些特質才是現代人追求理想伴侶的指標呢？

根據市場調查，現代人會最優先考量結婚對象的條件為「兩人相處狀況」，接著依序為「價值觀」、「社經地位」、「外貌」、「是否孝順」、「家世背景」、「是否喜歡小孩」、「學歷」等。其中，女性大多只在意「兩人相處狀況」、「價值觀」和「社經地位」，男性同樣看中此三點，但男性也注重伴侶的「外貌」及「是否孝順」。

然而，想覓得理想伴侶，不光只是設定條件，更重要的在於「緣分」和「運氣」，什麼是運氣？就是大家「一生運作」的結果，也許我們不能改變部分社會條件，但我們能修養自己內在的心性品德，讓自己成為異性心目中的理想伴侶，將有助於我們尋覓適切的對象。

2. 新好女人必備的品質

好女人的標準自不待言，關鍵是前面還有一個「新」字。那麼，這個「新」的標準又應該有哪些呢？

新好女人應該不愛囉唆。其實，女人本來就沒幾個是愛囉嗦的，只是被男人逼得不得不囉嗦。

新好女人應該不太吝嗇。錢乃身外之物，這是老話，人人皆知。新好女人會花大把的錢來投資自己，無論是外在，還是內在。

新好女人應該不太管男人。除了男人不是女人想管就管得了的之外，男人只能「用」、不能「管」，所以，新好女人懂得讓男人心甘情願地被「用」，例如撒嬌著提出要求、柔軟地進行指教……等。

新好女人應該不亂挑毛病。新好女人都知道只要是男人都很愛面子的道理，所以新好女人會「不經意」地暗示男人。

新好女人應該懂得分寸。新好女人通常聰明、精打細算，一旦她們明白自己已經收購了「績優股」，就算有其他男性追求她，她也不會輕易動搖，並且懂得把握分寸和尺度。

約會成功說話術

約會成功與否，跟我們所具備的魅力大有關係。

「我已經成功地與對方約定好下次見面的時間，但是實在不知道在約會時應該說些什麼才好……而且，我想知道，第一次約會是否能跟對方告白？如果用一些話語來暗示對方，這樣是否恰當？」許多人常常會這樣地詢問我。

首先，在約會時最重要的是「聆聽」，與其一股腦兒地說自己的事，還不如真誠地傾聽對方想說的話。除了側耳傾聽對方說話外，也要注視著對方的眼睛和嘴巴口型，表現出對話題充滿興趣的模樣，特別是對方提及自己的成就或者得意之事時，更要展現出非常好奇的態度，讓對方覺察到你對這話題的重視。因此，事先準備好話題是很重要的。如果知道對方對什麼事物比較有興趣，就可以多準備相關的題材。此外，自己也要養成表情開朗、口調清晰的說話習慣，在對話時更要懂得向對方問話，對於對方的問題也要簡單明瞭地回答。

其次，適度地誇讚對方也是建立成功對話的秘訣。但是切忌過度誇張地逢迎討好、阿諛奉承，刻意為之是行不通的。其中，最好避免在第一次約會時就不斷稱讚對方的長相和身材。如果你是男性的話，可以試著稱讚對方的髮型、服裝穿搭風格、個人特質等；如果你是女性的話，則能試著稱讚對方的學問淵博、見識廣泛或是專業能力特出等。

然而，約會時盡可能地避免流露出對任何事的不平、不滿，更不要隨意批評別人。這些話題不僅會破壞約會時的快樂氣氛，更可能使對方對你的品行產生困惑懷疑。

最後，關於第一次約會就直接告白是否恰當的問題，我認為「最好不要」。初次約會，彼此都還不了解對方的心意，如果貿然提出這種問題，會令對方感到震驚而不知所措，甚至對方可能會覺得你過於草率，懷疑你的用心和動機，那麼可能就不會再有第二次約會的機會了。

必須清楚的是，倘若對方願意赴約，就表示他並不討厭自己。別忘了，「愛」不是單方面的一廂情願，也不該讓對方感覺負擔、沉重和恐懼。感情需要時間去醞釀，由「不討厭」到「喜歡」、由「喜歡」到「愛」都需要時間慢慢累積，得藉約會時的相處來培養彼此的默契與好感，單憑一時的衝動、激情是不可能達成「愛」的長久、圓滿。

所以，第一次約會，請先試著去「感覺」。感覺對方是否對自己展現出友好的態度，也給自己一點時間去觀察對方是否真的適合自己？不特意把「喜歡」說出口，而是用時間拉長、延長對彼此的好感與欣賞，循序漸進地展現自己的優點和特質，對方欣然接受下一次約會的可能性自然就會大幅提升。倘若隨意地把「我愛你」說出口，恐怕會造成反效果，因為輕易就能說出口的「愛」會降低「愛」的價值，況且「愛」的表現在於行動，不在於口說。

有位年輕男子不停地思考著自己在約會時該如何說話。有天，他終於和自己喜歡的女性約好一起去看電影。在約會的前一天，他先到和對方約好的車站，從車站走到電影院。一面走，一面數著步數，計算走這段路所花費的時間，思考和對方一起走的這段時間內可以說的話，然後反覆練習。最後，他們很快地就墜入了情網。

若想要戀愛成功，必須要有這種程度的熱心。一般人不會特別去規劃幾分鐘的有限時間內該說什麼話，然而，只要嘗試練習，總會有意想不到的結果。

在參加升學考試或工作面試前，大家都會用心準備口試內容，但是很少有人認為約會前也需要費些工夫去準備，總覺得這樣會讓約會變得太過慎重、嚴肅。然而，我為此感到矛盾，我們當然不必把約會變得過於複雜、過於隆重，但是初次約會，若想留給對方好印象，且期望未來能有發展機會，勢必要盡力準備妥當才對。而這裡要說的是，所謂的「重視」，不是要去設計花言巧語，也不是要專注在繁文縟節，而是盡心盡力地將自己的真心誠意傳達給對方明白即可。

幸福快樂的婚姻

有人說婚姻是「圍城」，未婚的想進去，已婚的想出來，這反映了許多人的心聲，但我覺得倒也未必如此。人類結婚只有一個目的——相信兩個人在一起，會過得比一個人更幸福快樂。

其實，「圍城」的意思是結婚是戀愛的結束，也是婚姻的開始。培訓師張錦貴教授曾說：「想要擁有長久平安的婚姻，就要先有穩定的工作，沒有工作基礎的婚姻是不完整的。」沒有麵包的愛情是苦中作樂，有麵包又有愛情的生活才能「樂在其中」。

（一）結婚的先決條件

1. 有資格嗎？

先試問，我們有資格結婚嗎？這包含我們的身心靈發育是否健全？我們的自制力、自我管束能力是否良好？未來的生計問題有否有保障？跟對方及對方親友的互動關係如何?雙方的家庭、家族有無意見衝突?

2. 夠合適嗎?

婚姻是人生大事，在戀愛前、結婚前，我們需要建立的信條與心理建設為「選擇最適合而非最好的那個人」。彼此的個性、興趣、愛好、宗教信仰、政治立場、生活習慣等各方面的價值觀是否吻合?這無疑是判斷對方與自己是否適合的重要依據。

3. 懂婚姻嗎?

「嫁對人，天天過情人節;嫁錯人，天天過清明節」，婚姻雖然沒有對錯可言，但婚姻幸福與否的關鍵在於雙方的互動方式、理解程度、溝通關係。

滿意婚姻關係的夫妻往往合乎以下三項條件:對彼此有充分的同理心，重視伴侶的感受與需求;兩個人的理念、觀點落差不大，且能進行有效溝通;兩個人對物質與精神的要求大略一致，能確立目標、攜手共進。

（二）戀愛與婚姻

戀愛無價，婚姻卻有價。戀愛無價是指戀愛的感覺能讓彼此沉浸在粉紅泡泡中，享受甜蜜卻不用煩惱生計、教養等問題；但是，戀愛是享受，婚姻是忍受，兩個人結婚後，才會逐漸領悟婚姻是甜蜜的重擔，建立家庭後，經濟問題與生活品質的維持都需要付出代價與努力，婚姻生活自然不像戀愛生活那般多采多姿而浪漫甜美。

因此，許多人會認為婚姻是愛情的墳墓，覺得自己是中了「情義無價」的計或是上了「只要感情在，不怕吃酸菜」的當才結婚的。那都是因為他們誤會了愛的真諦與本質。有些人因為長跑多年的愛情已成為了自己的責任，而在「情義無價」的情況下步入婚姻；有些人則把愛情無限上綱，在戀愛至上的催化下步入婚姻，最後發現戀愛與婚姻之間有著巨大鴻溝，從而產生失落感。

其實，「相愛容易相處難」恰恰點出從戀愛步入婚姻、由戀人轉為伴侶的根本問題，從男女朋友變成丈夫妻子並不只是身分轉變而已，更重要的是兩人必須將各自獨立的思想、個人的優缺點進行融合。

「婚姻」就是兩個人要學習和對方的優點戀愛，更要學會和對方的缺點生活。

（三）幸福家庭所具備的四大關鍵要素

影響家庭幸福的因素主要有：感情、家庭、工作、健康。感情問題是人們最需要修練的一環。很多人因為處理不好自己的感情問題，而導致家庭、工作和健康產生狀況。因此，要把自己的感情管理好。

夫妻之間若產生問題，不怕找不到方法解決，只怕找不到想解決方法的人。我們應該把事件的來龍去脈釐清、提出解決問題的可能辦法，並「就事論事」地針對事件本身進行分析、討論，將核心問題排解，才不會使感情問題衍生成為家庭、生活的問題。

常有人說自己感情失利是在於「因誤解而結合，因了解而分開」，然而，為何會產生這樣的遺憾呢？這不是當初自己所選擇的？其實，「擇己所愛，愛己所擇」，既然選擇了，就不要抱怨，而要去改變。改變得了就改變，改變不了就改善，改善不了就承擔，不願承擔自然就得分開。

夫妻相處的藝術

希望安樂的人都知道，家裡沒有女人是無法「安」的，關於這點，中國人在造字時就已想到了。而現代人更應懂得用正確的心態、觀念去處事，經營美滿的家庭需要珍惜當下、懂得感恩、學會惜福。夫妻相處確實是生活中一門重要的藝術。

（一）用智慧去經營

夫妻相處，最可愛的是理解，最可貴的是諒解，最可悲的是誤解。

尊重個別差異：不要輕視、羞辱對方，而要理解、包容對方。

掌握對方需求：在外要留面子給對方，問題待回家後再協商。

懂得互相激勵：世上沒有絕對美滿的婚姻，美滿只是一種糖衣，包裝了人們對於婚姻的欲求，欲求的滿足需要一定的條件，人生無常，與伴侶相處不要委屈自己，也不要抱怨對方。

保持參與互動：要一同創造更好的未來，要珍惜雙方共有的現在。

夫妻之間，做事要追求品質，做人要注重品格，生活則要講究品位。感情、婚姻的要素不在如膠似漆、天長地久，而在品質的好壞。兩個人想要走得長遠，不能單憑愛，兩個人想要過得幸福，也不是金錢能打造、堆砌出來的，幸福的婚姻生活需要用智慧來經營。

（二）把握婚前、婚後

婚前與婚後的愛情，不可能完全不變。婚前的愛可以很單純專一，婚後的愛卻必須要分割，夫妻雙方婚前所產生愛情在婚後往往會逐漸昇華成親情。所以，夫妻應志同道合，創立共同的理念與期望的目標，才能彼此擁抱、一同翱翔。唯有雙方的合作默契，能發揮力量、達成目標，打造出天長地久、幸福美滿的婚姻生活。

固執是婚姻的絆腳石

朝夕相處的夫妻往往會分享彼此的喜怒哀樂，一旦相處的時間多，嘴上的意見衝突自然會變多。夫妻間的溝通、交流通常需要兩個人都懂得理解包容且願意為對方犧牲。倘若雙方都很固執、堅持已見，衝突與矛盾就會越來越多，婚姻也會越來越不美滿。

這世上沒有十全十美的伴侶，更沒有十全十美的婚姻。能在婚姻生活中過得幸福的人往往是心中沒有雜念地去愛與被愛的人；而過得最痛苦的，則往往是那些對婚姻抱有太多期待與要求的人。他們總以為自己可以忍耐對方的缺點或者以為可以用愛去改變對方。然而，用這樣的心態步入結婚的人，往往會因為期望落空而感覺疲憊悲苦。因為這些雜念，會讓人變得非常執著，執著著想把對方變成自己心目中理想的樣子。但是，這樣的婚姻關係，兩個人一開始會很用心用力，之後就會很勞心勞力。本來的目標是希望對方更好，希望能讓自己開心、能讓對方幸福、能讓彼此擁有完美和諧的家庭。只是，用力的方向錯了，自然會適得其反，兩個人不過是相愛相殺，終日彼此折磨而苦不堪言，婚姻生活猶如身陷地獄一般。

婚姻的經營，其實不是一門困難的學問，只是通常在婚姻關係中的人會當局者迷、霧裡看花，身陷固執的泥淖中，找不到出路。這時，很多人會因為疲憊而放棄，認為離婚是唯一方法。但是，前一個問題沒有解決，就算離了婚、找到了新的伴侶，一樣會有難以解決的問題。畢竟，我們唯一能改變的只有自己，如果不能看清這一點，再找新伴侶也無法確保能擁有幸福的婚姻。這也就是我們常看到有些人就算再婚也還是無法獲得幸福而又再離婚，然後父母離婚、孩子長大後竟然也常是以離婚收場。這些婚姻悲劇都來自同樣的起因——固執。固執地不肯改變自己，固執地只想改變別人，固執到讓自己變成一顆無法撼動的頑石，又怎麼可能會幸福呢？

第七章　由自己定義的人生贏家

堅持到最後的贏家

過去，在同一座山上，有兩塊相同的石頭，三年後他們發生了截然不同的變化，一塊石頭受到眾人的敬仰和膜拜，另一塊石頭卻受到眾人的漠視與忽略。

被漠視的石頭感到極不平衡，對另一塊石頭說：「三年前，我們都是同一座山裡的石頭，現在竟有這麼大的差距，我心裡很痛苦，覺得世界太不公平。」

另一塊石頭答：「你這樣說就錯了。不知道你是否記得——三年前曾來過一位雕刻家，你害怕刀割的痛而拒絕讓他雕塑，所以如今你還是一塊普通的石頭。但我那時想像了未來的模樣，不在乎雕刻家在我身上一刀一刀地割劃，所以變成了神像。當時我們不同的選擇，造就了我們現在的不同。」

過去，我們和許多人是兒時的夥伴，在同一所學校念書，在同一梯次的部隊裡服役，甚至在同一間公司工作。然而，若干年後，有的人變成了「成功」的石頭，有的人則變成了「自卑」的石頭。

兩者的性格差異在於一個只關注自己想要的部分，另一個則關注自己懼怕的部分。你期望自己過怎樣的生活？未來想成為怎樣的人？只要能努力堅持，就一定能成就自己。

（一）輸贏是蓋棺論定

成功往往只是一時的，一個人的是非功過通常要到死後才能作出結論，此即「蓋棺定論」。比如說，透過搏版面、潛規則而出名的人物，表面上看起來像是成為了風光的贏家，事實上「公道自在人心」，這些行徑終會成為世人茶餘飯後的笑話。我們可以大膽地想像，假如某天這些不擇手段的人離開了人世，世人一定不會為其歌功頌德，也不會真的對其頂禮膜拜。因此，我們要做永遠的贏家、光明磊落的贏家，因為能笑到最後的人才是真正的贏家。

有人說，現在的社會是膽小的等死、膽大的找死，只有堅持到最後的才能不死而贏得輝煌的勝利。其實，任何困難都是一時的，與其在遇到困難時坐以待斃，不如勇敢地去面對、克服。我們一旦主動出擊去扭轉局面，即使還是會失敗，至少我們盡了全力。畢竟，勇敢地去改變，成功的機率是一半；懦弱地不改變，成功的機率則是零。所以，面對困難時，不要因為別人的阻撓、懷疑或閒言碎語而放棄自己的理想。

同理，我們不能因為被他人否定就否定自己的潛力、能力，我們永遠要對自己有信心，堅定自己的信念。這個世界上，我們最要討好的人是自己，自己做自己的伯樂，自己當自己的千里馬。如果連你都不相信自己了，又有誰要相信你呢？

美國著名電臺女廣播員莎莉・拉菲爾在三十年的職業生涯中曾被辭退了十八次。大部分的美國無線電臺認為女性廣播員不能吸引聽眾，所以沒有一間電臺願意僱用她。後來，她在紐約某間電臺謀得職務，但很快地被告知不適任，原因是電臺覺得她跟不上時代。莎莉・拉菲爾放眼高處，總結了失敗的教訓，確立了遠大的目標，不但沒有灰心喪氣，反而積極向國家廣播公司電臺提出自己的談話節目構想。電臺勉強答應了，卻提出要她先主持政治節目的先決條件。

一開始，莎莉曾數度猶豫，因為她對政治一竅不通，但她不想失去寶貴的機會，所以決定要大膽嘗試。由於她對廣播的操作已輕車熟路，所以她利用自己的長處、平易近人的主持風格，大談即將到來的國慶日對自己有什麼樣的意義，還邀請聽眾打電話來暢所欲言。聽眾們立刻對她的節目產生了濃厚的興趣，莎莉也因此一舉成名。莎莉・拉菲爾很快地成為自辦電視節目的主持人，甚至兩度獲得重要的主持人獎項。她說：「我被辭退了十八次，本來很有可能會被這些磨難、遭遇逼退，做不成自己想完成的事。但是，我不放棄希望和理想，反而讓這些磨難、遭遇鞭策我勇往直前，一直堅持到了最後，我終於能幸運地實現夢想。」

這一類的例子還有很多。例如，美國前總統林肯，在經歷了兩次經商失敗、五次參選失敗後，還遭逢愛人逝世的打擊，甚至因此精神崩潰而就醫。經過無數的坎坷，最後當選了美國總統。愛迪生在實驗失敗九千九百九十九次後，被旁人嘲笑，但他沒理會閒言閒語，在一萬〇一百次失敗後成功發明了電燈。阿諾・史瓦辛格將生命視為一連串的挑戰，他認為沒有目標就沒有方向，所以他憑著銳不可當的意志力、用之不盡的精力奮鬥不懈，最終贏得健身家、作家、商人、明星、州長等稱號。

只要我們堅信天無絕人之路，相信危機就是轉機，那麼成功必會等在轉角。

（二）自己可以定義的輸贏

別人可以評價我們的成敗，也可以批判我們的一切，但在我們離世之前，誰都無法真正判定我們的輸贏。所以，當我們開始追求人生目標時，沒有必要隨便讓人「定義」我們的命運。只有我們自己才能決定自己要成為什麼樣的人，只有我們自己才能決定自己想完成什麼樣的事，只有我們自己才能決定自己會擁有什麼樣的成就，也只有我們自己才能決定自己最終將獲得的成功。人生需要自我鼓勵、自我突破。不管別人如何嘲笑我們，只要我們明白自己在做什麼就已足夠。

二十一世紀是個誰先付出誰就先贏的世紀。而人們的付出是多方多面的，不僅只是金錢方面，還包含物質、精神、時間層面。當我們還沒有錢的時候，總千方百計想要賺大錢，誤以為有了錢才能開始做好事，包含盡孝、成家、行善等。然而，一旦賺到了錢，也不表示成功或者贏定了，更不代表有了錢就能獲得真正的快樂與幸福。

事實上，生命中有很多東西是金錢所不能企及的。金錢可以買房，金錢卻不一定能帶給我們家的溫暖；金錢能幫你找到另一半，金錢卻不一定能賦予我們真愛的美滿；金錢可以用來購買保健品，金錢卻不一定可以讓我們健康。因此，我們若僅以金錢來評論人的輸贏，把金錢當成衡量成功的唯一標準，把捐贈金錢做為行善的唯一可能，那就大錯特錯了。

金錢只是人們努力的附加價值，並不是衡量成功的科學尺度。真正的成功還包含諸多內涵，譬如，快樂的心情、健康的身體、幸福的家庭、良好的人際關係、理想的工作、精神的富足、社會的責任、對世界的貢獻等。

再者，人類是永遠不會滿足且變化最快的動物。因此，唯有定下自己的生涯目標，建立為人處世的準則，積極地去嘗試自己喜歡且想做的事物，把每一件事情做好做滿，才會獲得真正意義上的成功。而真正的贏家，通常不追求獨贏，往往是期勉雙贏、共贏甚至是多贏。

自我感覺良好的人很多，自我感覺低下的人也很多。有些表面上的失敗者其實是精神上的大富翁，有些表面上的成功者卻窮得只剩下錢。當我們把判斷輸贏的焦點從錢財上轉移，自然能夠明白，每個人都可以是人生贏家，端看你用什麼角度看待罷了。

（三）不要給人打分數

生活中，常有輕易就給別人打分數的人。他們常常說「這人怎麼什麼都不會啊！」或是「這個人根本沒有半點能耐嘛！」或是「他的品味也太差了吧！」一類的話。

喜歡給人打分數，結果自己的生活反而產生越來越多的問號，陷入了越來越多的迷惘中，誠如《聖經》所載「你們不要論斷人，免得你們被論斷。因為你們怎樣論斷人，也必怎樣被論斷。你們用甚麼量器量人，也必用甚麼量器被量。」只有先去掉自己眼中的梁木，才能看清事實，進而去除他人眼中的刺。

首先，每個人都可以通過學習進行改變，也可以憑藉自己的努力獲得進步，這是不爭的現實。所以，論斷某種程度是種偏見，論人者目光狹隘、看事不夠全面，故會以一己之見去進行批評指教。

其次，通常我們只能對過去的人事物打分數，而歷史人物的成敗，往往專家、社會大眾早有定論，也不需要我們評點。至於周遭的人們，我們如何能斷言他們的未來？我們如何能預言某人一輩子都不可能有前途？

每個人都有自己看待事情的角度、評論事情的標準，沒有誰的判斷一定正確，也沒有誰的判斷一定失誤。因此，給人打分數的言論若是說多了，反而顯得愛批評人、愛說人閒話，而拉低了自己的格調，限縮了自己的格局。有些事，放在心頭觀望就好，不要輕易把分數掛在臉上或口中。

贏家的心態

（一）保持一顆感恩的心

贏家的條件在於贏家的心態，其潛藏心的思維應是如此：有感恩的心，才能在收穫時知足而常樂；有積極的心，才能在受挫時不感到悲觀；有夢想、有雄心，才能產生源源不絕的動力；有信心、不怕苦，才能在跌倒時勇敢站起來。

誰都希望自己的生活愉快充實，但生活中總會有些不如意之事，像幽靈一樣困擾、糾纏著我們，使我們籠罩在痛苦的陰影下。諸如，理想與現實的差距、被迫從事自己不感興趣的工作、學業成績或工作績效表現不好、無端遭受他人的指責……等。面對這些不愉快的事，有些人經過一段時間的沉澱便能恢復平靜並妥善處理好心情、事情；有些人則怪罪命苦而怨天尤人甚至憤世嫉俗地訴諸暴力。不同的態度，將會導致不同的結局。那麼，我們該如何保持愉悅積極的心態來減少、消除消極的心理呢？

有位學者向著名的香港企業家請教：「尊敬的總裁先生，請問您認為成功的秘訣是什麼？」當時這位企業家的答案是「保持一顆感恩的心」。企業家甚至斷言，只要我們對人事物都保持一顆感恩的心，就一定能獲得內心所期望的成功。

感恩，是一種高尚的品德，更是一種難能可貴的人生策略。只要稍加留意就會發現，大多數的成功者都是懂得回饋和感恩的人。懂得感恩，其實是永遠不敗的成功要素。

我們的每一步都不是孤立無援的，我們的每一次成功也都是由身邊的眾人所共同成就出來的。所以，大家不妨隨時保有感恩的心，在進行過分要求或是過激行為前，先想想自己究竟又為別人付出過什麼。要怎麼收穫就先怎麼栽，要想被愛就先嘗試去愛，要想得利就先嘗試投資，天下沒有白吃的午餐。但凡那些成功的人，他們一定都曾付出過。然而，付出的人不一定會成功，沒有付出的人永遠不會成功。

在我的合作夥伴中，有些新加盟的管理人員或基層員工在工作了幾天後，會開始想：「我為什麼還不能加薪？我為什麼還沒有升職？」接著便會覺得成功遙不可及而輕言放棄。就「工資」這部分來談，古人有言「學也，祿在其中也。」所以，只要凡事懂得感恩，成功的那天早晚會來到。

很多成功者在獲利、獲獎前都付出過極大的代價，然而，他們曾經三餐不繼的日子沒有人發現，他們現在風光得意的模樣卻很多人欣羨。我們應該效法、學習的是「他們如何面對自己的生活難題」以及「他們如何在生活裡充滿感恩地走到成功」。成功一定是用時間和努力「熬」出來的。沒有甘受歷練的日子，誰也無法成為成功的人才。人生的基調是苦悶滄桑，想成就夢想，想成為最終贏家，就請先問自己：「你苦悶過嗎？你滄桑過嗎？而你走過了嗎？」

黎巴嫩詩人紀伯倫說：「大智慧是一種大涵養，有涵養的人才善於學習，我們從多話的人那裡學到了靜默，從偏狹的人那裡學到了寬容，從殘忍的人那裡學到了仁愛。」

（二）自我創「福」論

思想儲存為內心的信念，信念能產生實際的行動。心裡想什麼，往往就會產生什麼樣的行為，此即「心想事成」，也可說是「心想事生」。

積極的思考能使人獲得幸福。電話發明者貝爾曾說：「我說不出這股力量是什麼，我只知道它存在。」佛陀說：「我們現在的一切，都是過去思想的結果。」《聖經》亦言：「你們禱告，無論求什麼，只要信，就必得著。」

美國行為心理學博士墨菲《你也能成為富翁》、日本作家大島淳一《心態成功法則》、日本醫大教授品川嘉也《心像建立成功法》、香港顧修全博士《自我創富學》以及《秘密》、《吸引力法則》等書，都是有關正面思考、暗示潛意識、積極心態達到幸福的著名理論，而我們透過心靈哲學的邏輯理論，能夠比前術著作更具真實性和指引性。

心識作用的運作機制是用我們眼睛所看到的、耳朵所聽到的，通過感受心進入潛藏心形成記憶，引發思想心的思考，產生出情緒覺知，進而創造幸福的感受和力量。基於這點，我們能利用感官的暗示方法、思想心的觀想回憶、心像的模仿鍛鍊等模式來打造幸福。

1. 暗示誘導法

每個人都可以根據自己的特點設定適合自己的暗示誘導。例如，掛偶像畫像——懸掛自己喜歡的英雄人物、政治家、明星海報可以啟發自己成為那樣的人物；閱讀偉人傳記——閱讀成功人士的傳記可以製造渴望成就的潛藏心；觀看影劇——看英雄電影或是動作片可啟發濟弱扶貧的意志，看帝王將相的歷史劇可以灌輸潛藏心領導統御的心念或使命感；模仿——透過模仿想成為的人來改變潛藏心。

2. 回憶法

失意時，可以回憶過去自己通過努力獲得成功的樣子，藉由曾經成功的事例給自己鼓勵打氣，製造即使在最痛苦的時候仍能幸福的潛藏心。

3. 想像法

用想像描摹心中的圖像，灌輸自己成功、幸福的感受。譬如，想像自己是成功的企業家、想像自己達成目標的模樣。

4. 創造法

用想像力創造成功的圖像或夢想實現的場景，例如，研發人員在腦海中創造自己發明出機器人的情境；兩情相悅的情侶在腦海中創造出步入禮堂、結婚生子的情景。總而言之，幸福、成功從思想心開始。塑造潛藏心的記憶、想法、認知，幸福感、成就感等覺知心就會自然顯現出來。

這裡需注意的是，改造潛藏心、創造個人幸福的前提在於清楚區分「信念」和「妄念」——「信念」是善性且合理的，「妄念」是會害人而不合理的。「信念」能讓人享受追尋成功的過程，即使失敗了，也會感到雖敗猶榮，而堅持信念的人往往會取得意想不到的成功。而人若是胡思亂想，心生「妄念」，不但在追求的過程中會痛苦不堪，還可能會做出違背道德倫常的壞事，甚至會罹患無可救藥的精神、心理疾病，因而被心魔困囿終生。所以，潛藏心中要有信念，不能有妄念。

（三）觀念決定財富和未來

「觀念」是世上最神奇的力量，是人們對客觀世界的認識和看法。一個人的觀念決定一個人的態度與行動，而一個人的態度與行動會決定一個人的習慣，一個人的習慣又會決定一個人的性格，一個人的性格則會決定一個人未來，即所謂「觀念決定命運」。甚至，觀念還能決定人的眼光，更能決定人的情緒。如果我們想獲得巨大的成功，就必須改變自己的觀念，調整成積極、向上、巔峰的狀態，這便是取得勝利的動力、泉源。

1. 觀念對未來的意義

「觀念」可分成積極和消極兩種。積極的觀念是主動的，能發揮人們最大的潛能，能吸引人才、財富、成功、快樂和健康；消極的觀念是被動的，往往會排斥、奪走美好的事物，使人陷進低潮，即使爬到頂峰的人們也會被消極的觀念拖垮。

通常，在團體中的地位越高，人們越能找到更佳的觀念。所以，一個企業的創造力究竟能有多大，關鍵就得看經營者的觀念。一個國家的社會環境是否和諧也全由人們的觀念來創造。

觀念可以通過學習、反思來提升及改善。學習並培養積極的觀念是有效的人生策略，良好的觀念能使我們參透外在事物的本質，能使我們產生直覺、發揮潛能，從而如願以償。所以，在工作開始時，我們所秉持的初衷和信念，基本上就已決定了這項工作最後會獲得多大的成就。由此可知，一個人的觀念某種程度決定了其未來人生的成就。

2. 自立自強的觀念

一般情況，觀念會走在行動的前方，沒有偉大的思想通常不會產生偉大的行動。偉大的思想之所以能支持偉大的行動，是因為正確觀念乃正確行動的基礎。

美國為什麼會在短短幾百年間迅速發展成為世界經濟強國？這就是由美國人民的某些觀念所締造出來的。比如，美國教育體系相對健全，美國人往往很早就開始接觸財務方面的學習，幾乎每個美國人都略懂一些投資理財的基本知識，因此，凡事都能從經濟學的角度進行簡易分析，所以，他們很容易透過投資事物來獲取成功。

3. 積極的觀念是財富

積極的觀念是信心、希望、誠實、愛心、踏實和成功；消極的觀念是悲觀、失望、自卑、虛偽、欺騙和失敗。我的一位朋友曾說：「積極的觀念可以治療癌症，悲觀的思想則可以製造病痛。當一個人的想法有病時，就會心理影響生理，而可能會因此真的罹患絕症。」所以，不論何時何地，都要保持積極的觀念，因為積極的觀念是成功的頭期款。

4. 擇善而固執

「擇善固執」是許多人成功的根本法則。固執要有所選擇，如果於自己、於他人、於外物都沒有好處，再固執倔強也無法產生實質的收益。因此，固執必須是有度、有方、有趣、有意義的。如果凡事過於固執或者冥頑不靈，往往會讓自己失去成功的可能與機會。

其實，世人大多是為了不斷超越自我而積極生活著，我們的生活大多是在有意或無意的選擇之中底定的。如果我們選擇幸福、光榮，通過努力，我們勢必能得到；如果我們選擇可恥、悲慘，那麼我們也一定會得到。

總的來說，不管世事如何變遷，至少我們的心靈是自己作主的。成功者的態度與智慧會決定他們高度和格局，這也許就是觀念決定行動和觀念打造未來成就的重要原因之一。一個能掌握自己內心世界的人，他們往往能使地獄變成天堂，能將失敗反轉為勝利，能在平凡之中創造奇蹟；一個缺乏自信又悲觀的人，則會把自己的獲得當成僥倖，即使他也很努力，但心態沒有調整，他絕不可能成為真正快樂的成功者。

5. 將好的觀念化成好的行動

人們通常是先有思想，後有行動。所有的成就、所有的財富都始於人們的一念之間，一個微小的觀念將會影響、指揮後續的各種具體行動。而任何行動都是在自覺與不自覺之中產生的，只有想不到的事情，沒有做不到的事情。所以，深思熟慮後產生的行動，才能結成美好的成功果實。

美國福特汽車創始人福特曾言：「我們的命運要由自己來開創，當我們真正想要得到一樣東西時，就一定能夠成為事實。有好的觀念就一定要馬上付諸行動，只要你想做，就一定要秉持著無論如何都要完成的精神。」

將模糊微弱的「觀念」轉成清晰強烈的「欲望」是一門深奧的學問。如果真想將初始的想法真正變為終極的成功，心中會萌生出一股驅動自己前進的積極力量。在我們追求成功的歷程中，最忌諱的是沒有目標、終日無所事事。事實上，思維必能控制行動，而思維最需要具備的是管理自己的自制力，明白什麼該做、什麼不該做、什麼要先做、什麼能後做，唯有如此，我們才能隨心所欲地創造奇蹟、成就幸福、獲得成功。

很多人雖然有明確的目標，但是只做一兩天就堅持不下去，這怎麼可能會產生效果？如果不能強化欲望，用積極的態度堅持下去，就很難產生意義和價值。在追求成功的過程中，一絲一毫的消極觀念都有可能使你前功盡棄。所以，必須經過長期的努力將好的觀念、好的行動變成一種習慣，將原本單純的夢想轉變為具體強烈的渴望，才能踏下邁向成功的第一步。

隨著時間的推移，觀念會潛移默化地深入我們的潛意識中，而潛意識會產生激烈的反應，與意識進行連接，製造出熾熱的欲望，進而促使我們下定決心，展開積極行動。正是在這種強烈又冷靜的情況下，我們才能產出卓越的成果。

有目標地成就人生

（一）生涯規劃

義務教育普及後，高學歷的人越來越多。但是，著名的教育專家林格卻感慨地說：「現在的年輕人，不缺本事、不缺學歷，缺的是方向感。」我們會發現很多學業成績平庸的孩子，長大後卻出類拔萃；一些成績優異的孩子，長大後竟碌碌無為。這就是有無方向感所導致的局面。

如果一名創業者沒有經營計畫，公司會變成怎樣？如果一位船長出海時沒有路徑規劃，航船會航向何方？如果一個人沒有生活目標，其生命又會變成什麼模樣？應用心靈哲學來解釋——應用思想心種植潛藏心認知，讓潛藏心自主產生預期心理。

人的一生具體可分為以下三階段：

第一階段：年輕時、人生前二十五年，接受教育、栽培、歷練。

第二階段：中年時、人生第二個二十五年，成家、立業、養育兒女、贍養雙親。

第三階段：老年時、人生第三個二十五年，退休、回饋社會、積極做義工、完成自己其他心願。

人的一生時時刻刻都在變化，要豐富自己的人生，就要不斷地努力。而人的蛻變，變窮變富、是福是禍都是由自己的心態和思想所變化、創生出來的。

我有個在一九四〇年代出生的朋友，小時候，他常頑皮地領著一群孩子到處闖禍鬧事，孩子們稱他為老大。因為較晚就學，他比同學大六歲，所以同學們也稱他為老大。老大的父親臥病在床，母親獨自撫養七個小孩長大，因此，老大自小就學種田、打零工，吃盡生活的苦頭。十六歲才回學校念書，幾度輟學、轉學，到了快三十歲才考上大學。

老大在某間國立大學就讀，該科系與國營企業進行建教合作計畫，參與計畫的學生在畢業後都能獲得金飯碗，薪資待遇通常是同屆畢業生的兩、三倍。就在即將畢業的老大考慮著是否要參與建教合作時，他遇到一位剛從美國留學回來的年輕教授。

教授為畢業生們講述生涯規劃，教授說：「建教合作的機會很不錯，第一年的年薪近百萬，工作不到十年，就能賺進五百萬，尤其現在就業市場不景氣，許多畢業生還找不到工作、待業半年以上。但是，在一般民營企業或小公司中工作也有好處，花大約三年的時間可以學會某些工作技能、擁有工作經驗，倘若去異地進行小型代工或自行創業，三到五年內可能賺回本金，十年內賺到第一桶金，如果發展順利，二十年後說不定可以晉升為企業家或大老闆。」聽完這一席話，許多同學放棄當時的金飯碗，開始制訂自己的生涯規劃表，修習經商必備的國貿、財務、法律知識。

畢業後，同學們雖然沒有立刻找到工作，但大家心裡都很坦然，因為他們意識到就業市場本就肯定會有成功和失敗，人生本就起起浮浮，年輕時多經歷一點滄桑和磨難，反而能成為未來自己事業成功的基石。

老大立志當企業家，三十一歲創業，走遍歐美各國，積極開拓國外市場，自創國際品牌，研發設計數百項國際專利，改良技術，突破生產方法，建立了被譽為獨步全球的生產線。

事業達到高峰時，他有感於人生世態變化莫測、紅塵客夢稍縱即逝，這輩子即使能夠賺進千百萬，也不見得真是自己想要達到的目標。老大心想，發明產品只能惠及百人，生產製造、商業貿易只能服務千人，倘若發明理論、著書立作則可能會影響上萬人。於是，老大修改了自己的人生方向，盡心鑽研經書、佛理、哲學，開創了人生的另一高峰，完成一生心願和一生志業。

老大每次的轉變都轟轟烈烈，在別人眼中，老大一生勞勞碌碌，沒有過上一天的安穩日子，但老大總是奮鬥不懈，因為有了人生規劃，潛藏心對成敗有了基本的認知，失意時，他不會灰心喪志而一敗塗地；得意時，也不會驕矜自滿而沾沾自喜。

生活有目標，潛藏心中已有認知，自我潛能就會產生源源不斷的力量，使人致力完成自己的心願，因此，才會說「自己可以定義自己人生的輸贏」。

（二）家贏、國贏、天下贏

如果想贏得天下，就必須有崇高的人生使命。所謂的使命就是我們想要成為什麼樣的人？我們想要為別人做些什麼？

為越多的人活著，能贏得的成就往往越大，其人生也越偉大。所以，我們關心的人越多，自己的成就與收穫也會越多。想讓自己贏得最終的勝利，自己所做的事情就要符合自己的人生觀、價值觀，這樣才能持續不斷地保持對生命與生活的熱情、激情，進而收穫更大的成果。

我們不能為了小我的成就而破壞大我的利益，不能為了一己之私而棄眾人於不顧。一個人的責任越大，成就往往也越大。那些不想負責任的人，永遠不會成為真正的贏家。因此，想要做個真正的贏家，就必須心懷家國、熱愛自己的民族，甚至有愛護地球的想法，積極地對社會進行貢獻。

為什麼比爾・蓋茨能那麼富有？我認為最根本的原因在於他對全人類有

股偉大的使命感，他想要讓全世界每個角落、每個人、每張桌子都能有小型的個人電腦，而電腦裡裝的都是微軟公司的系統軟體。因為這偉大的使命感成就了他，使他為全人類的文明、全世界的進步做了偉大的貢獻。

假如某天微軟系統軟體全出了問題，那麼世界會變成什麼樣子呢？因此，比爾‧蓋茨能連續多年榮登世界首富的寶座，說明了賺錢早已不是他的首要任務。他所考慮的一切，不過是想多承擔一些社會責任。

這世界唯一不變的永恆定律就是「變」。沒有永遠的成功，也沒有永遠的失敗；沒有永遠的強者，也沒有永遠的弱者。我們不能只聽失敗者的哭泣、抱怨者的嘮叨，我們不能光看成功者的風光、勝利者的笑靨。我們不能只會羨慕別人，更不能被負面能量感染和影響。我們想要改變自己，唯一辦法就是調整自己的觀念和態度，把每一天當做是生命的最後一天。面對他人提供給我們的良好建議，我們要虛心接納並做為參考，而真正的決定還是需要我們自己去體會，才能得出最終的結果。

金錢，我們生不帶來、死不帶走，也很難留給子孫永恆且持續增加的富貴，但是若賺進了「名譽」，則能伴我們生生世世並恩澤子孫。想活得踏實就得先對社會付出貢獻，這是自古不變的事實。

一切的風雨，都會過去。我們唯一能做的是努力讓自己變得更好，相信自己是無可取代的。想要無可取代，就要讓自己變得更強。如果要追求理想，就必須拒絕溫室的誘惑，因為靠山山倒，靠人人老，靠自己最好。人們不可能在不踏出舒適圈的情況下，既能舒服地維持現狀，又能夠快速地進步成長。所以，為了追求更遠大的目標，就必須要求自己進行改變，使自己更有韌性、耐性、彈性。先放下一些現有利益，先放棄一點可能機運，這不見得是壞事，有時反而是件好事，因為這樣能使我們找到真正的幸福並且在遇見幸福時懂得把握而輕鬆達陣。

面對殘酷的現實與叢林般的社會，我們希望自己能永遠都不樹敵、永遠不被顯性或隱性的敵人攻擊。然而，人們最大的敵人只會是自己。當我們克服了「自己」這個最大強敵後，假使真有其他人來攻擊我們，我們也早已通透用理智策略來善待敵人的法門——擊敗敵手最好的辦法是自己先取得真正的成功與幸福。

後記

我常在想，自己是不會念書卻喜歡念書的人。求學過程斷斷續續，三十歲才大學畢業，四十歲才拿到企業管理碩士學位，到了快六十歲才出書。我一生都在念書，花很多時間埋在書堆裡，最感興趣的是信仰、心靈議題，鑽研心理學、宗教學、佛學等，研究之中的修心法、唯識論、唯物論、禪法等。

西元一九九四年開始撰寫，花了六年時間才在西元兩千年完成《心靈哲學》，開始定論心靈四識和心識作用的基本邏輯；西元二〇〇三年到西元二〇〇六年，先後出版四版《心靈的情緒管理》；西元二〇〇七年，由行銷策略大師潘其俊先生修改、修訂為《情智管理》。當地文化局局長表示這是本具學術理論的書，不要太商業化，應找有實力的出版社出書。很幸運地，經清華大學陳生民教授的介紹，於西元二〇〇九年透過清華大學出版社出版了《神奇的情緒管理》一書。

此書的編輯過程並不順利，責任編輯張立紅主任費心費力，經過一年的修改、潤筆才逐漸完成。我問張主任，你一個月出版十幾本書，為什麼要花這麼多時間在這本書上。張主任表示：「編輯是良心工作，是我一生最大的心願，所以我希望能夠出版一些真正對人類有益處，能幫助人獲得幸福的書。這本書中關於情智的論點，足以使我相信這就是我一直在找的書。」

本書出版後，果然獲得了好評。

東莞的盧區長對我說：「蔡會長，我要買兩百本送給各位朋友。這不是錢的問題，而是發送和諧、發送智慧的問題。」

全國臺商企業協會會長郭山輝買了兩百多本分送給臺商子弟學校的老師們，希望能教導學生智育和德育並重。

美訊達公司黎玉潤總經理則表示一拿到這本書，就被先生搶去看，還欲罷不能地一口氣讀到凌晨五點。夫妻倆從書中得到了教育小孩的啟示——不可對孩子行強勢作風，因而改變對叛逆期兒女的態度，在諄諄教導後，小孩學業進步，甚至還領了獎狀，她覺得非常高興。

高企公司的王總經理說：「不知道為什麼，我對員工總是很嚴厲，看完這本書後，批評部屬時比較懂得拿捏分寸了。」

一位商業大老說他在打官司時想起了書中的話，深深地感受到「冷靜才不會說錯話」之真諦。

企業界的某位鄭財務長也表明：「此書我先看，我先生再看。夫妻相處，真的要懂得情緒管理。吵架時要節制，用詞不要太苛刻，如果對方已經呈現盛怒狀態就不要再刺激他，更不可以使用語言暴力。」

今年七月份，出版社編輯與我商量，想將《神奇的情緒管理》分成三本，使之易讀易懂——《自己可以定義人生的輸贏》指導讀者如何敲開幸福之門，最終獲得卓越職場和優秀人生；《開解》從分析心靈哲學邏輯入手，引述了抱怨、恐懼、憤怒、仇恨等常見情緒，分析情緒產生的緣由，介紹如何開解心結；而《轉念》指出不易覺察的覺知扭曲現象，教會讀者運用心識八大法則和其他禪法修練情緒、轉變觀念。

修訂過程中感謝作家史青星、葉耘等人的補述、畫家齊藝的繪畫說明、設計師何莉和周珊珊的編輯與打字，更感謝中潤集團康明亮總裁、均佳集團許俊銘會長、萬德集團總裁莊文甫、大麥客集團執行長李春材、名匠公司莊堅總經理、名品公司鐘紅梅等企業家的鼓勵和幫助，感謝出版社張立紅、劉晚成及全體同仁的努力，使這三本書能夠在短短三個月的時間內修改完成。

亞諾

於珠海市康怡園

西元二〇一二年九月五日

附錄一　成為會生活的人

❖眼光比知識重要，方向比速度重要。

❖屋大不如心寬。

❖目標實現不了不是悲劇，沒有目標能去實現才是真正的悲劇。

❖辦法總比困難多，要為成功找方法，不要為失敗找藉口。

❖複雜人生簡單過，簡單事情重複做。

❖選擇比行動更重要。

❖勉強成習慣，習慣成自然。

❖過去不等於未來。

❖分析與統整是兩種不同的思考模式，分析是同中求異，統整是異中求同。

❖稻穗結得越飽滿，越往下垂；人越有成就，越要有謙虛的胸襟。

❖職務帶給了你什麼並不重要，真正重要的是你在職務上貢獻了什麼。

❖成功，開始於思想，取決於行動。

❖勇敢的人尋找機會，懦弱的人等待機會，愚笨的人錯過機會。

❖成功的秘訣在於養成迅速完成的習慣。

❖誠則金石可穿。

❖能忍人之所不能忍，方能為人所不能為。

❖在所有穿戴中，表情是最重要的一環。

❖人際關係的黃金法則：你希望別人如何待你，你就該如何待人。

❖話多不如話少，話少不如話巧。

❖寧願用一小湯匙的真愛調配一個幸福美滿的家庭，也不願用一堆傢俱佈置一個索然無味的家庭。

❖快樂的秘訣，不是做你所喜歡的事，而是喜歡你所做的事。

❖勿以惡小而為之，勿以善小而不為。

❖天下最傷身心之事莫若愁，天下最養身心之事莫若笑。

❖成就的大小，不會超出自信的大小。

❖常發怒是壞習慣，要養成放輕鬆的好習慣。輕鬆的面容是笑容；輕鬆的言語是笑話；輕鬆的胸懷是開心。

❖沒有一種廣告比誠實不欺更能取得他人的信任。

❖最好的一天是「今天」；最大的罪是「驕傲」；最好的禮物是「寬恕」；最怯懦的感覺是「忌妒」；最浪費心力的是「憎恨」；最惹事的動作是「多言」；最大的騙子是「自欺」；最好的教師是「經驗」；最好的品性是「快樂」；最大的敵人是「自己」。

❖和藹可親的態度是永遠的推薦信。

❖內心是個獨立的小世界，在這裡，地獄能變成天堂，天堂也會變為地獄。

❖智慧生出三種果實：善於思考、善於說話、善於行動。

❖思考是行動的種子。

❖懂得交談只有一個訣竅——學習傾聽。

❖熱忱是相信自己和自己所做的事物並渴求得到自己想得到的事物。

❖大成就來自不斷積累的小成就。

❖悲觀者看所有機會都感覺有困難，樂觀者看所有困難都感覺有機會。

❖有什麼樣的目標就有什麼樣的人生，凡事有規劃、有安排，生活就會變得有價值，心中的熱忱也會被因此被點燃，奇蹟才有可能會出現。

❖沒有你的許可，任何人都無法使你自卑。

❖世界上最貧窮的人是沒有笑容的人。

❖把最好的東西送給別人，也會得到別人最好的東西。

❖批評行為本身，不要批評行為者。

❖在別人身上看到的，往往也是自己所具有的。

❖選擇一種習慣，等於選擇了這種習慣會帶來的結果。

❖能力讓你登上巔峰，品質則能讓你在巔峰上站穩腳跟。

❖幫助別人獲得他想要的，你也能獲得你想要的。

❖無論發生什麼，不要放棄生命的兩大支柱——信心與希望。

❖太陽光大，父母恩大，君子量大，小人氣大。

❖創造一個能促使公司和顧客關係融洽的氣氛是我們的責任，對自己與公司和客戶之間關係的看法，則會決定你在公司能發揮的作用。

❖四種人才：能實現承諾，又能認同企業的價值觀，這種人才在企業裡最有發展前途；未能實現承諾，但認同企業價值觀，企業不排除這種人才，會願意給他機會，也可能會安排一個新市場提供他發展；能實現所有承諾，績效表現也出眾，卻不認同企業的價值觀，這種人才最難處置，他們也許會哄騙或壓榨客戶來取得績效，卻無法真正激勵客戶來產生績效，許多公司容忍這種專制人才是因為他們能達成階段性目標；然而，既不承認公司的價值觀，又不能實現任何承諾，這種人在公司想必待不久。

❖從自己的經驗中學習，是聰明的人；從別人的經驗中學習，是快樂的人；不從自己的經驗學習，也不從別人的經驗學習，是愚笨的人。

❖別人的貧窮並非與我們無關。

❖原諒別人就是善待自己。

❖經濟越發展，愛情越奢侈。

❖世界上最難的事情，往往可以用最簡單的方法來解決。

❖勝利常屬於遇到瓶頸也繼續堅持的人。

❖取法乎上，僅得其中；取法乎中，僅得其下。

❖起步雖晚，起點要高。

❖將才抵半軍。

❖要打價值戰，不打價格戰。

❖治大唯於簡，治小唯於勤。

❖人求務實，事求完美。

❖清晰、簡單，以實在為基礎、以客戶為核心，對公司負責、對自己負責、對消費者負責，才是優秀而有活力的團隊。

❖有信心地去打破本位主義，有膽量地去實現所下承諾，開誠布公地去接納各方的建議與意見。

❖想贏得爭論，就應該遠離爭論。

❖一位父親對孩子們能做的最重要的事是去愛孩子們的母親；一位母親對孩子們能做的最重要的事是去愛孩子們的父親。

❖不能左右天氣，但能改變心情；不能改變面容，但能展現笑容；不能控制他人，但能掌握自己；不能預知明天，但能善用今天；不能樣樣順利，但能事事盡力。

❖激發有高度的成功期望，設定可達成的具體目標。

❖判斷一個人器量大小的方法，是觀察他在發生錯誤時所責備的是自己還是別人。

❖名利、地位不是人生的終極目標，不是衡量成功的可靠尺度，只不過是人生的附加價值、額外收穫。

❖完美名節不宜獨享，分一些給他人，可以全身遠禍；錯誤責任不必全推，攬一些給自己，可以韜光養晦。

❖有品德的人不一定會成功，但成功的人一定要有品德；有權力的人不一定特別有魅力，因為成功的魅力在於崇高的人格修養。

❖優秀的管理方式無法扭轉惡質商品帶給人們的壞印象，但是，惡劣的工作方法一定會改變優質產品帶給人們的好印象。

❖播下一種行為就會收穫一種習慣，播下一種習慣就會收穫一種性格，播下一種性格就會收穫一種命運。

❖懂得回饋是判斷一個人是否成熟的重要標誌。

❖永遠保有感恩的心。感謝傷害你的人，因為他磨練了你的心志；感謝絆倒你的人，因為他強化了你的雙腳；感謝欺騙你的人，因為他增進了你的智慧；感謝蔑視你的人，因為他喚醒了你的自尊；感謝遺棄你的人，因為他教會了你如何獨立。

❖人生就像一張充滿起伏的心電圖。看透它、看清它，每一步才能走得更從容、沉穩、踏實。

❖人生贏家從來不是順風順水的幸運兒，往往都是勇往直前、胸懷廣闊、境界高遠的有智慧者。

附錄二　人生成功的秘訣

很多人慕名去聽一位哲學家講授人生成功的秘訣。哲學家發給聽眾們一本冊子，上面刊了十則寓言，每則寓言都隱含一項秘訣：

【寓言一】讓失去變得可愛

在行駛中的火車上，一名老人不小心將剛買的一隻新鞋從車窗掉了出去，旁人倍感惋惜。不料，老人立即把另一隻鞋也從車窗扔了出去。這舉動讓眾人大吃一驚。老人解釋：「這隻鞋無論多昂貴，對我而言已經沒有價值了。如果有誰能撿到這一雙鞋，說不定他還能穿呢！」

秘訣：成功者善於從損失中看到價值，也懂得割捨。

【寓言二】相信自己是一隻雄鷹

有個人在高山之巔的鷹巢裡抓到一隻幼鷹。他把幼鷹帶回家，養在雞籠裡，讓幼鷹和雞一起啄食、嬉鬧、休息。

幼鷹漸漸長大，羽翼變得豐滿。主人想把牠訓練成獵鷹，但牠終日和雞相處在一起，早已變得和雞一樣，喪失對飛翔的渴望。

主人試了各種辦法都沒有效果，最後，主人只好將牠帶回山頂，把牠從山頭上扔了出去，幼鷹便像塊石頭般直直墜落。在慌亂中，牠拼命地拍打翅膀，終於飛了起來！

秘訣：磨練召喚成功的力量。

【寓言三】五枚金幣

有位名叫阿巴格的人，自小生長在內蒙古的草原。

有次，年少的阿巴格和爸爸在草原中迷路了，他感到又疲累又害怕。這時，爸爸從口袋裡拿出五枚硬幣，把一枚硬幣埋在草地裡，其餘四枚放在阿巴格的手上。

爸爸告訴他：「人生有五枚金幣——童年、少年、青年、中年、老年。你現在用了一枚，也就是埋在草地裡的那一枚。你不能一次把五枚都扔在草堆裡，你要一枚一枚地使用，每次都要用出不同價值才不枉此生。所以今天我們一定要走出草原，將來你也一定要自己走出草原。世界很大，人活著就要多去些地方看看，不要讓你的硬幣沒有妥善使用就隨意扔掉。」

在父親的鼓勵下，阿巴格走出了草原。長大後，阿巴格離開家鄉，成為了優秀的船長。

秘訣：珍惜生命，就能走出挫折的沼澤地。

【寓言四】掃陽光

有一對兄弟，年齡不超過五歲。房間裡的窗戶整日緊閉，屋內相當陰暗，因此，他們嚮往室外燦爛的陽光。

「我們可以去把外面的陽光掃進來。」

於是，兩人拿著掃帚和畚箕，到陽臺去掃陽光。

每次他們把畚箕搬回房裡，裡頭的陽光都已流失。來回掃了數次，他們的房間還是一點陽光都沒有。

媽媽看見他們奇怪的舉動，問道：「你們在做什麼呢？」

他們回答：「房間太暗了，我們要把陽光掃進去。」

媽媽笑說：「只要把窗戶打開，陽光就會照射進來，何必去陽臺掃呢？」

秘訣：把封閉的心門敞開，成功的陽光便能驅散失敗的陰暗。

【寓言五】一隻蜘蛛和三個人

大雨過後，一隻蜘蛛艱難地朝牆上已支離破碎的網爬去。由於牆壁潮濕，每當爬到一定的高度，牠就會跌落。牠一次次往上爬，一次次摔下……

第一個人看到了，歎了口氣，自言自語地說：「我的一生不就像是這隻蜘蛛？庸庸碌碌卻一無所獲。」於是，他日漸消沉。

第二個人看到了，他心想：「這隻蜘蛛真蠢。繞一下路，從乾燥的地方爬上去，不就好了？我以後可不能像牠這麼不知變通。」於是，他變得更聰明靈活。

第三個人看到了，他被蜘蛛屢敗屢戰的精神感動。於是，他變得更堅強。

秘訣：有成功心態的人，處處都能發現成功的力量。

【寓言六】請不要開錯窗

一位小女孩趴在窗臺上，看家人埋葬她心愛的小狗，她因為過於悲傷而淚流滿面。

爺爺見狀，連忙帶她到另一扇窗旁，讓她欣賞窗外的玫瑰花園。不久，小女孩的心情好轉並豁然開朗。

於是，爺爺摸著小女孩的頭說：「孩子，妳之前開錯了窗。」

秘訣：打開失敗旁的另一扇窗，也許你就能看見希望。

【寓言七】自己救自己

有個人在屋簷下躲雨，看見觀音打傘經過。

人說：「觀音菩薩，普渡一下眾生吧！帶我走段路，好嗎？」

觀音說：「我在雨裡，你在簷下。簷下無雨，你不需要我渡。」

這人立刻步出屋簷、站在雨中說：「現在我在雨中，能夠渡我了吧？」

觀音說：「你在雨中，我在雨中，我不被淋，是因為有傘；你被雨淋，是因為無傘。所以，不是我渡自己，是雨傘渡我。你若想被渡，不應找我，應找傘去！」說完便轉身離開。

隔天，這人遇到困難，前去觀音寺問卜。走進寺院裡，發現觀音像前有個和觀音長得一模一樣的人正在參拜，於是他問：「你是觀音嗎？」

那人答：「我是觀音。」

這人問：「那你為何拜自己？」

觀音笑著說：「我也遇到了困難之事，而我知道，求人不如求己。」

秘訣：成功者善於自救。

【寓言八】人生的秘訣

三十年前，一名年輕的水族人打算離開位於貴州山區的家鄉，到南方去開創自己的事業。他先去拜訪家族的族長，希望請求指點。

當時，族長正在寫書法，聽聞族裡有後輩準備要開展人生的前程，非常高興地寫下了「不要怕」三個字。接著，族長抬起頭，對年輕人說：「孩子，人生成功的秘訣只有六個字，今天先告訴你一半，供你前半生享用。」

三十年後，這名年輕人步入中年，有了些許成就，也多了些傷心事。一回到家鄉，他便立即前往族長家。

到族長家後，他才得知老人家已去世多年。這時，族長的家人將族長生前留給他的信拿給他。他拆開信封，只看見信紙上赫然寫著「不要悔」三個字。

秘訣：中年以前不要怕，中年以後不要悔。

【寓言九】招聘考試

某間大公司打算以高薪聘請一名頂尖的行銷專員，而這名行銷專員必須兼任公司的司機。經過層層篩選，剩下了三名銷售能力最優秀的面試者。

主考官對他們說：「你們的行銷能力都很好，但我想了解一下你們的駕駛技術。請問，懸崖邊有塊金子，請你們開車去拿，你們認為距離懸崖多遠比較好？」

「我認為距離懸崖兩公尺最好。」第一位說。

「距離懸崖半公尺就足夠啦！」第二位信心十足地說。

「儘管我的駕駛技術很好，但我認為距離懸崖應該愈遠愈好。」第三位回答。

最後，這間公司錄取了第三位面試者。

秘訣：不要和誘惑較勁，而應離危險越遠越好。

【寓言十】獅子和羚羊的家教

每當太陽升起的時候，非洲大草原上的動物們就開始奔跑。

獅子媽媽教育自己的孩子：「孩子，你必須跑快一點、再快一點，如果你跑不過最慢的羚羊，你就會活活餓死。」

而羚羊媽媽也在教育自己的孩子：「孩子，你必須跑快一點、再快一點，如果你跑不過最快的獅子，你肯定會被吃掉。」

秘訣：避免失敗的唯一方法，就是行動得比別人更快。

國家圖書館出版品預行編目(CIP)資料

自己可以定義人生的輸贏/ 亞諾著. -- 初版. --
臺北市：力得文化,
2018.01　面；　公分. --（好心情；2）
ISBN 978-986-93664-2-7（平裝）
1. 生活指導　2. 情緒管理　3. 職場成功法

177.2　　106021877

好心情 002

自己可以定義人生的輸贏

初　　版　2018年1月
定　　價　新台幣299元

作　　者　亞諾
出　　版　力得文化
發 行 人　周瑞德
電　　話　886-2-2351-2007
傳　　真　886-2-2351-0887
地　　址　100 台北市中正區福州街1號10樓之2
E-mail　best.books.service@gmail.com
官　　網　www.bestbookstw.com
執行總監　齊心瑀
行銷經理　楊景輝
執行編輯　王韻涵
封面構成　盧穎作
內頁構成　華漢電腦排版有限公司
印　　製　大亞彩色印刷製版股份有限公司

港澳地區總經銷　泛華發行代理有限公司
地　　址　香港新界將軍澳工業邨駿昌街7號2樓
電　　話　852-2798-2323
傳　　真　852-2796-5471

Leader Culture

Lead the Way! Be Your Own Leader!

Leader Culture

Lead the Way! Be Your Own Leader!